낡은 옷을 갈아입고

낡은 옷을 갈아입고

불교 임종준비와 안내

대한불교조계종 포교원 포교연구실 편찬

조계종출판사

세상만사 모든 것은 인연이 다하면 사라집니다. 사람 역시 마찬가지입니다. 이를 극복하는 유일한 길이 바로 부처님 가르침에 따라 깨달음을 통해 윤회를 벗어나는 것입니다. 깨달음은 본디 생사가 따로 없음을, 즉 삶과 죽음이 다르지 아니함을 통찰하여 체득하는 것입니다.

하지만 현실적으로 삶과 죽음을 같은 것으로 생각하거나 죽음에 초연하기란 쉽지 않습니다. 현대의학의 발전은 임종을 맞이하는 많은 환자들에게 구체적인 죽음의 원인과 일정을 알게 합니다. 자신의 죽음을 미리 알고 맞이하는 것은 환자 개인이나 가족에겐 엄청난 충격이고 고통이지만 어쩔 수 없이 누구나 직면해야 할 과정입니다.

임종을 맞이하는 환자나 그 가족이 죽음의 공포와 불안을 이기는 유일한 방법은, 바로 부처님의 세계로 들어오는 것입니다. 죽음에 직면해서 삶에 대한 집착과 욕망을 벗어놓고 지난 삶을 성찰하며 정화하여 선업을 닦아 내세를 준비하는 것입니다. 내세의 부처님 세계에 대한 확신을 가지면 죽음이 주는 공포와 불안감은 환희심으로 바뀝니다. 여기서 삶과 죽음은 하나가 됩니다.

하지만 많은 불자나 불교에 관심이 있는 분들이 본인이나 가족의 임종에 즈음하여 구체적으로 무엇을 어떻게 해야 할지를 모르고 있습니다. 그러다보니 죽음에 대한 불안과 두려움은 점점 커지게 되고, 이를 벗어나기 위해 삶에 더 집착하게 되어 극락세계로 갈 수 있는 소중한 기회를 잃게 됩니다. 그래서 대한불교조계종 포교원에서는 누구나 쉽게 이해하고 따라할 수 있도록 책을 펴내게 되었습니다.

마지막으로 이 소중한 책이 나오기까지 많은 연구와 토론에 힘을 쏟아주신 자문위원과 연구위원, 그리고 실무자의 노고에 깊이 감사드리며, 앞으로도 불교식 임종의례의 정착과 확산에 더욱 정진해 주시기를 부탁드립니다.

불기 2554(2010)년 6월

대한불교조계종 포교원장   혜 총

발 간 사

불교상장례의 의례 구조상 임종의례는 불교상례의 전 단계이며, 호스피스의 마지막 단계라고 할 수 있습니다. 호스피스가 병상의 환자 돌보기라면, 임종의례는 환자의 호흡이 급박할 때와 환자 스스로 죽음을 인지하고 있을 때 행하는 의례 절차입니다. 아직 임종의례라는 용어가 생소할 수 있지만, 그동안 죽음을 앞둔 환자를 위해 불교적으로 어떻게 다가설 수 있을까 하는 고민을 줄곧 해왔습니다.

이에 따라 대한불교조계종 포교원 포교연구실에서는 지난 2008년부터 임종을 앞둔 환자를 위해 '임종의례'의 구조와 절차를 어떻게 개발할 것인지 연구를 했습니다. 이러한 연구를 바탕으로 전문연구위원들과 함께 『낡은 옷을 갈아입고』를 발간하게 됐습니다.

의례전문가의 자문을 얻고 여러 문헌을 참고하는 등 각고의 노력 끝에 책을 완성했기 때문에 충분한 가치가 있다고 여겨집니다.

　이 책을 통해 임종을 앞둔 당사자나 그 가족들이 마음으로 아미타부처님께 귀의하여 극락왕생할 수 있기를 기원합니다.

　끝으로 이 책이 나오기까지 노고를 아끼지 않고 연구에 동참하여 애써주신 불교상제례문화 연구위원들에게 감사의 인사를 드립니다.

불기 2554(2010)년 6월

대한불교조계종 포교원 포교연구실장　정 호

목 차

불교의 생사관

삶과 죽음의 이해
죽음을 준비하는 삶

삶과 죽음의 이해

삶과 죽음이 따로 없는 도리

부처님께서는 모든 것이 변한다고 말씀하셨습니다. 사실 이 세상 어느 것을 보더라도 고정됨이 없습니다. 어제 핀 꽃이 오늘 아침 바람에 날려 허공 속으로 자취를 감춥니다. 우주 만물은 그렇게 생겨났다 사라집니다.

사람들은 살아 있는 것을 유有라 하고 죽음을 무無라 여겨 '있고, 없음'에 집착합니다. 그러나 눈앞에 펼쳐지는 세계의 '있는 것'은 모두 영원하지 않으며 물거품 같고 뜬구름 같은 것에 불과합니다.

우리가 있다고 보는 모든 모습은 잠시 인연에 따라 나타난 것이며, 애지중지하는 육신 역시 인연 따라 있는 것처럼 보일 뿐 고정불변하진 않습니다. 죽음 또한 마찬가지입니다. 죽음은 세상의 끝도 아니고 삶의 단절도 아닙니다. 죽음 또한 모든 것이 변화하듯 자연스런 하나의 과정일 뿐입니다.

삶 자체는 이미 죽음을 포함하고 있습니다. 생명이 잉태되는 순간부터 죽음은 함께 피어나 자라고 있습니다. 살아가고 있지만, 살아가는 한 걸음 한 걸음이 사실 죽음으로 가는 길이기도 합니다. 마치 새끼줄이 꼬여 있듯이 삶과 죽음은 함께 뒤엉켜 있습니다. 우리는 매 찰나마다 생멸하고 있습니다. 모든 것은 일어났다 금방 사라집니다. 삶과 죽음은 영원한 생명의 큰 바다에서 부침하고 있는 파도와 같습니다. 커다란 바다에서 파도가 일고 스러지지만 그것 역시 바닷물의 일부일 뿐입니다. 그래서 삶과 죽음은 분리할 수 없다고 하여 생사불이生死不二 혹은 생사일여生死一如라 합니다.

죽음을 포함하고 있는 삶의 진실을 이해하는 것은 곧 죽음을 극복하는 길이 됩니다. 이러한 사실을 제대로 인식하면 참된 삶이 열리며 고뇌 또한 극복하고 생사를 벗어나게 됩니다.

부처님께서는 사후세계에 대한 관심보다는 죽음에 대한 새로운 차원의 인식을 제시하셨습니다. 그것은 삶에도 고뇌하지 않고 죽음에도 번민하지 않는 가르침입니다. 부처님 깨달음의 진수는 삶의 가장 큰 고통인 죽음 역시 무상한 하나의 변화에 불과하다는 진리를 터득한 것입니다.

과일 속에 씨가 들어 있듯이 죽음이 이 육체 속에 깃들어 있다는 것을 알고 있건만, 우리는 삶에만 집착하며, 가능하면 삶의 이면에 있는 죽음에 대해서는 외면하고 잊어버리고 싶어 합니다. 이에 부처님께서는 죽음을 직시하면 오히려 어떻게 살아야 할 것인가의 문제를 참되게 깨달을 수 있다는 사실을 가르치셨습니다.

윤회의 세계와 생사를 벗어난 삶

모든 것은 인연이 다하면 사라집니다. 그리고 다시 새로운 인연을 만나 또 다른 삶이 전개됩니다. 그렇게 인생은 돌고 도는 윤회의 굴레 속에 있습니다. 깨달아 윤회에서 벗어나지 않는 한 끊임없이 삶과 죽음을 되풀이하는 것입니다.

불교에서는 삶의 주기를 생유生有·본유本有·사유死有·중유中有라는 4유四有로 설명하고 있습니다. 각자의 업業에 따라 모태에 의탁하여 태어나는 순간을 생유라 하고, 출생 후 죽음에 이르기까지 생전의 존재를 본유라 하며, 죽는 순간을 사유, 그리고 죽어서 다시 태어나기 전까지의 존재를 중유 또는 중음中陰이라 하는 것입니다. 따라서 순환하는 삶의 구도에서 보면 본유와 중유가 결합하여 일생을 이루고 있는 셈입니다.

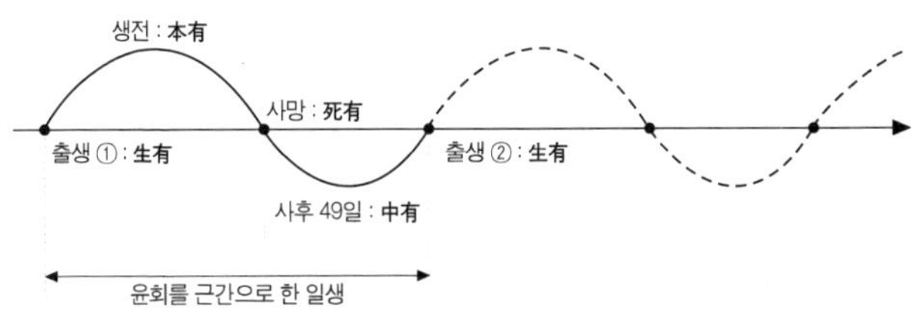

◆ 본유와 중유가 결합된 불교적 의미의 일생

본유와 중유가 결합하여 끊임없이 새로운 존재로 나고 죽기를 거듭하는 불교생사관의 핵심은, 내세가 전생에 지은 업에 따라 지옥·아귀·축생·인간·아수라·천신의 세계인 육도六道로 구분되어 있다는 점입니다.

이러한 육도의 세계는 죽음 이후에 펼쳐지는 내세로만 존재하는 것이 아니라 우리의 마음속에서 순간순간 그대로 재현되고 있는 것이기도 합니다. 곧 불교에서는 생사를 목숨이 생하고 멸하는 것으로만 파악하지 않고 한 생각이 일어나고 사라지는 것까지 생사의 범주에 포함시키고 있습니다. 따라서 마음이 분노와 탐욕으로 들끓고 어리석음으로 뒤덮여 있으면 그것이 곧 지옥이요, 고요한 상태에서 지극한 선善이 피어오르면 그 자리가 천상과 다름없습니다. 순간순간 일어나는 마음에 따라 끊임없이 육도를 윤회한다고 보는 것입니다.

생명이 있는 모든 존재는 전생의 업이 남아 있는 한 윤회를 거듭할 수밖에 없고 업의 내용에 따라 상승 또는 하강의 윤회를 거듭합니다. 업은 곧 윤회의 동력인 것입니다. 여기에는 스스로 지은대로 받는 자업자득自業自得의 인과법칙이 적용됩니다. 이러한 업과 윤회의 관계는 철저히 윤회의 주체인 나 자신의 힘과 노력, 즉 자력自力의 인과관계라 할 수 있습니다.

이때 극히 선하거나 악한 업을 지은 이는 중유 없이 곧바로 다음 생을 받게 되지만 대부분의 사람은 중유의 기간에 다음 생의 과보가 결정된다고 봅니다. 따라서 이 기간은 망혼亡魂이 머물면서 태어날 인연을 찾는 시간인 동시에 부처님의 힘, 즉 타력他力으로 망자의 구제를 도모할 수 있는 시간입니다. 즉 유족이 망자를 위해 부처님께 기원하는 공덕으로 생전의 업을 감소시켜 망자의 내세에 영향을 미칠 수 있다고 보는 것입니다.

이처럼 불교생사관에 따르면 내세의 모습을 좌우하는 것은 내가 지은 업에 따라 결정되는 자력의 과보뿐만 아니라, 남은 자들이 나를 위해 행하는 부처님 자비에 의거한 타력의 공덕이 함께 작용하고 있습니다. 아울러 다음 생은 고정되어 있지 않고 나 자신의 업과 주변과의 인연 관계에 따라 항상 새롭게 전개됩니다. 결국 현재의 삶을 어떻게 살아가야 할 것인지가 중요한 것입니다.

부처님께서는 죽음이 생명 있는 존재라면 누구나 겪어야 할 문제임을 깊게 통찰하시고, '생사를 뛰어넘는 길'에 대한 깨달음을 얻고자 출가하셨습니다. 그리고 오랜 수행 끝에 동트는 하늘에서 샛별이 반짝일 때 깨달음을 이뤄, 나고 죽는 고통에서 벗어나게 되었습니다. 누구든 깨달음을 통해 부처를 이루어 삶과 죽음에 자유로울 수 있음을 열어 보이신 것입니다.

깨달음은 마음의 본성을 찾아내는 것이며, 이 마음의 본성을 실현하는 것이 불교가 말하는 생사의 본질로 들어가는 열쇠입니다. 이 경지에 이르면 스스로 진리와 하나가 되어, 살고 죽는 것에서 초월하여 그야말로 자유인이 될 수 있습니다. 그리고 그 길은 누구에게나 열려 있습니다.

죽음을 준비하는 삶

죽음 준비의 필요성

부처님께서는 죽음을 직시하라고 누누이 강조하셨습니다. 죽음에 대해 마음속 깊이 생각하고 대비하는 만큼 진지하고 값진 삶을 살 수 있기 때문입니다.

그러나 우리 사회의 죽음 이해와 죽음 준비는 매우 부족합니다. 이런 풍토에서 죽음은 그 자체의 존엄성을 인정받기가 실로 힘든 실정입니다.

죽음 준비는 선택사항이 아니라 꼭 필요한 과정입니다. 죽음을 이치에 맞게 이해하지 못한다면 삶 역시 평안하게 살기가 어렵기 때문입니다. 어떻게 살아야 할 것인가를 깊게 생각한다면 보다 의미 있는 삶을 살 수 있습니다. 건강한 삶을 영위하기 위해 건전한 생활태도를 유지해야 하듯 죽음 준비도 마찬가지입니다.

그러므로 죽음이 자연스럽고 평안한 삶의 일부가 될 수 있게 하기 위해서는 평소 죽음에 대한 준비가 필요합니다.

정신적 측면의 죽음 준비

일반적으로 사람들은 죽음에 대해 공포·불안을 갖는 부정적 태도와 죽음을 수용하려는 긍정적 태도를 동시에 지니고 있습니다. 누구든 세상을 살아가면서 가까운 이들의 죽음을 하나 둘 경험하는 가운데 자신의 죽음 역시 받아들일 수밖에 없다는 생각을 은연중에 갖게 되기 때문입니다.

죽음을 받아들이는 태도나 견해는 생애주기에 따라 다르게 나타나므로 각자 개별적인 준비가 필요합니다. 특히 죽음에 대한 정신적 저항이 제일 강한 세대는 젊은이들입니다. 젊은이들은 임종이 가까운 환자에게 그 사실을 숨기지 말아야 한다는 등의 개방적 태도를 지니고 있지만, 죽음 자체에 대해서는 가장 두려워하고 수용을 거부합니다. 죽음은 자신과 상관없는 것으로 생각하고 있기 때문에 현실로 다가왔을 때 그만큼 저항이 크게 마련입니다.

노인들 역시 죽음을 수용해야 한다는 이성적 판단과는 별개로, 실제 죽음이 가깝게 다가온 세대이기에 심리적 불안이나 두려움은 어느 연령층 못지않게 큽니다. 따라서 노인들이 죽음을 자연스럽게 받아들일 수 있도록 스스로 준비하고 실천하는 일은 노년기에 들어 해야 할 가장 필요한 일이라 할 수 있습니다.

죽어감이나 죽음이 주는 불안과 두려움을 이기기 위해서는 먼저 심리적 지지와 감정이입이 필요합니다. 부정과 고립의 감정이 일어날 때 그것을 인위적으로 막거나 억제하기보다는 처해 있는 상태나 대상자에 따라 적절히 처방하고 해소해 주어야 합니다. 또한 대다수의 노인들은 죽어가는 과정이나 죽음에 직면했을 때 가까운 가족·지인들로부터 고립되거나 홀로 남겨질 것을 생각하여 두려운 마음을 갖게 됩니다. 따라서 나이가 들수록 취미모임, 가벼운 운동모임 등 다양한 인간관계를 만드는 것이 좋습니다.

자신이 죽어간다는 것에 대해 분노의 감정이 일어날 때 그러한 분노의 감정을 억압하는 것은 좋은 방법이 아닙니다. 분노의 감정이 폭력적으로 분출되지 않도록 하는 것이 중요합니다. 또한 주변 사람들은 이런 반응을 충분히 이해해 주어야 합니다. 우울할 때는 주변 사람들에게 자신의 상태를 알려야 하고, 가족 및 주변 사람들은 보다 따뜻하고 포용적인 자세로 보살펴 주어야 합니다.

사람들은 생전에 못 다한 일이 있거나 죽음 이후의 세계에 대하여 불확실함을 느낄 때 죽음에 대한 거부감이나 두려움이 더욱 커진다고 합니다. 따라서 그러한 일이 있다고 생각되면 가족과 상의하여 해결하는 것이 좋습니다. 대체로 여성은 타인의 슬픔, 사후의 신체나 임종의 고통 등에 더 불안해하는 반면, 남성은 사회적인 일이나 계획을 이루지 못하는 것에 대해 보다 불안해한다고 합니다. 이런 성별 차이가 있다 하더라도 해결하지 못한 과제나 미완성의 일을 완수하도록 준비하는 것이 필요합니다.

한편 사람들은 과거에 대한 회상을 통해 자신의 존재감을 재확인하기도 합니다. 평소에 즐거운 추억과 좋은 일들로 가득 채워져 있는 인생이라면 인생 회고의 측면에서도 후회는 없을 것입니다. 그러나 그렇지 않은 경우라면 부정적인 과거에 초점을 두지 않도록 하는 것이 바람직합니다. 우리의 마음은 곧 에너지이기 때문에 에너지를 많이 쏟는 방향으로 그 힘이 커지게 되어 있습니다. 따라서 과거의 즐거웠던 측면에 초점을 두기 바랍니다.

부처님께서는 『앙굿따라 니까야』를 비롯한 여러 경전에서 죽음에 대한 생각을 새기면서 닦으면 불사不死를 얻거나 죽은 후에 좋은 곳에 태어난다고 하셨습니다. 그밖에 여러 가지 큰 결실과 이익도 얻는다고 했습니다.

자신의 죽음을 깊이 숙고하는 사람은 자신의 삶을 함부로 살 수 없을 것입니다. 사람들은 자신과 가까운 이들이 죽어갈 때 자신을 돌아보며 두려워하고 침울해하지만 머지않아 잊어버리고 맙니다. 하지만 이러한 경험은 스스로 각자의 삶과 죽음의 문제에 맞닥뜨리게 하여 죽음 준비가 꼭 필요하다는 사실에 대한 자각을 다시 한 번 하게 합니다. 이를 위해서는 평소 실천해야 할 것들이 있습니다.

첫째, 불교의 전통적인 죽음명상입니다. 죽음명상이란 쉽게 말해서 죽음을 생각하는 것입니다. 삶과 죽음의 의미에 대한 통찰을 깊게 해주는 죽음명상은 사람들을 정신적으로 성숙시키는 것은 물론 반드시 필요한 죽음 준비 사항입니다.

죽음명상의 방법은 다양합니다. 나를 비우고 놓으며 죽어가는 것을 고요히 생각하는 것이 죽음명상입니다. 여기에는 구체적으로 사람이 죽어가는 모습을 떠올리는 것을 비롯해서 죽음에 대한 마음챙김, 유서 쓰기, 죽을 때 듣고 싶은 말 체험하기 등이 있습니다. 이러한 죽음명상을 통해 나를 비웁니다. 그리고 내가 죽음을 맞이함으로 인해서 더 큰 나로 태어나는 경험을 하게 됩니다. 이 몸이나 재산, 욕망 등에 대한 집착을 버려 밝은 나, 참 나로 살아가게 되

는 것입니다. 간단히 실천할 수 있는 죽음명상으로
는 '내가 당장 죽는다면'을 명상하는 법과 죽음을 고
요히 떠올리는 법이 있습니다. 부처님께서도 죽음명
상을 강조하여 다음과 같이 말씀하셨습니다.

"죽음에 대한 마음챙김을 닦으라. 만일 죽음에 대
한 마음챙김을 발전시키고 연마하면 크나큰 결실과
이익이 있을 것이다(『앙굿따라 니까야』)."

둘째, 염불의 생활화입니다. 염불이란 부처님을
간절히 떠올리고 생각하는 것입니다. 염불하는 마음
이 계속 이어지면 염불삼매에 도달합니다. 내 몸과
마음이 부처님 생각으로 가득해 일절 다른 생각이
떠오르지 않습니다. 그러면 살아서 부처님을 친견하
기도 하고 죽어서는 극락세계에 태어납니다. 죽는
순간에 우리의 악업을 정화하기 위한 매우 소중한
기회가 주어집니다. 따라서 임종정념(임종에 들어 일념으
로 부처님을 생각하는 것), 임종칭명(임종에 들어 일념으로 부처님의
명호를 부르는 것) 등이 중요합니다.

염불의 방법은 부처님의 명호(이름)를 부르면서 염
하는 법, 자비로운 부처님 형상을 관하는 법, 부처님

의 가르침을 관하는 법 등이 있습니다. 부처님 명호를 부르면서 염하는 것을 칭명염불稱名念佛이라고 합니다. 부처님이 다양한 만큼 칭명염불의 대상도 다양합니다. 아미타부처님을 부르면 아미타부처님 염불이고 관세음보살님을 부르면 관세음보살님 염불이며 석가모니부처님을 부르면 석가모니부처님 염불입니다. 그렇지만 염불의 대명사는 아미타부처님 염불입니다.

부처님 형상을 관하면서 하는 염불은 관상염불觀像念佛이라 합니다. 이것은 눈으로 부처님의 자비로운 모습을 떠올리며 마음으로 부처님을 간절히 부르고 생각하는 것입니다. 부처님 가르침을 관하는 염불은 실상염불實相念佛이라 합니다. 이것은 부처님의 무한한 생명과 빛을 떠올리면서 몰입하는 것입니다.

육체적·물질적 측면의 죽음 준비

죽음 준비에서 무엇보다도 중요한 것이 바로 건강입니다. 건강은 생활만족도나 우울증에 큰 영향을 미치는 요인이므로 신체적 준비는 심리적 상태에 많은 영향을 미칩니다.

두 번째로 중요한 것은 자신이 소장하던 물건들의 처리나 재산의 정리 및 분배에 관한 문제도 미리 준비해두어야 합니다. 소장하고 있는 물건들은 공익활동을 하는 곳에 기부할 수 있으며, 오래된 물건이나 서적은 박물관·전시관·도서관 등에 기부하는 것도 뜻있는 일입니다. 세계적으로 자신의 재산을 사회에 환원하고 떠나는 이들이 점차 증가하고 있습니다. 특히 2007년부터는 '생전기부'가 '사후기부'보다 많아지고 있는 추세로, 세계 10위의 기부자 모두 생전기부를 한 것으로 알려져 있습니다. 우리나라도 미국이나 유럽의 여러 나라들에서 시행되는 '기부보험'을 통해 사후에 보험금을 사회에 환원하는 사람들이 꾸준히 늘고 있습니다.

현재 불교계에서 〈연꽃기금〉 등 생전에 하는 '유산나눔운동'에 동참하는 사례들도 많습니다. 이와 함께 후손에게 상속할 경우, 재산을 미리 정리하고 분배하여 재산을 둘러싼 가족 간의 마찰을 미리 막는 일도 중요할 것입니다.

　세 번째로 들 수 있는 것이 자신의 죽음에 대한 물리적인 절차를 준비해두는 일입니다. 여기엔 자신의 장례 절차나 장법 등을 미리 생각하여 준비하는 것 등이 포함됩니다. 우리나라에서는 예로부터 노인이 되면 죽음에 대해 준비하는 문화가 발달해 왔습니다. 수의를 미리 마련해 놓으면 오히려 오래 산다는 믿음 때문에 노인이 있는 가정에서는 수의를 준비하는가 하면, 자신의 사후 보금자리를 생전에 준비하거나 돌아보며 자손과 조상의 관계를 돈독히 하는 가운데 죽음에 대한 준비를 해왔던 것입니다.

의례적 측면의 죽음 준비

불교에서는 자신의 죽음을 미리 준비할 수 있는 의례를 마련해놓고 있는데, 대표적인 것이 바로 생전예수재生前豫修齋입니다. 이는 사후의 극락왕생을 위해 살아 있을 때 스스로 행한다는 점에서 죽음 준비의 훌륭한 표본이라고 할 수 있습니다. 예수재豫修齋는 말 그대로 '미리 닦는 재'로서, 의례를 치르는 가운데 스스로의 삶을 되돌아보고 자신을 점검하면서 선업을 닦게 하는 계기가 됩니다.

예수재는 본래 불자들이 소홀했던 자기 수행을 점검하고 선행을 발원하는 의례입니다. 또한 많은 경전에서 '예수豫修하려거든 방생부터 먼저 하라'고 하였습니다. 이는 사후에 자신의 극락왕생만을 위한 것이 아니라 대중을 위한 보시행 등으로 공덕을 쌓는 의례이기도 한 것입니다.

불교 죽음 준비의 측면에서 바라볼 때 생전예수재는 죽음 이후의 삶을 미리 준비한다는 측면에서 많은 시사점을 제공해준다고 볼 수 있습니다. 절박한 시점에서의 죽음 준비가 아니라 삶의 과정 속에서 죽음을 준비함으로써 현세는 보다 바람직한 내세를 위한 인연으로 작용할 것이기 때문입니다.

의료적 · 제도적 측면의 죽음 준비

현대사회에서는 의학과 과학의 발달로 인해 자신이

나 가족의 죽음을 미리 알고 '죽어가는 과정'에 머무
는 기간이 길어지게 되었습니다. 이러한 변화에 맞
추어 사전에 생각하고 준비해야 할 사항들이 제도화
되어 있거나 마련 중에 있습니다. 대표적인 것이 존
엄사, 사전의료지시서, 장기 기증 등입니다.

■ 존엄사尊嚴死

존엄사는 말기의 불치병 환자에게 '인공적인 연명치
료'를 유보 또는 중단함으로써 환자가 자연적인 임종
과정을 밟게 하는 임종의료를 말합니다. 여기에는
세 가지 전제가 있습니다. 첫째 의학적으로 회복이
불가능한 중증환자의 말기라는 담당의사의 진단, 둘
째 환자 본인의 의사(사전의료지시서나 법적대리인의 위임장이
필요), 셋째 연명치료는 중단하더라도 환자의 생리기
능 유지 및 통증 관리 등의 완화치료시술은 계속되
어야 한다는 것입니다. 이때 특히 중요한 점은, 중환
자 진료의 의료행위에 있어서 '연명치료 중단'을 '치
료 중단'과 혼동하지 말아야 한다는 것입니다.

　존엄사에 대한 논의에서 강조되어야 할 것은 먼저

존엄사에 대한 올바른 정의가 마련되어야 한다는 사실입니다. 오랜 세월 동안 국내외를 막론하고 존엄사는 서로 다른 의미로 해석되어 왔고, 존엄사와 안락사를 혼용해 거론함으로써 일반인들에게 많은 혼선을 일으켜 왔습니다. 또한 존엄사가 인공호흡기를 뗄 것인지 말 것인지와 같은 기술적인 측면에만 초점이 맞춰져 존엄사에 대한 오해가 발생하고 있기도 합니다.

근래에는 존엄사가 의료적인 처치를 포함하여 보다 폭넓은 '웰다잉Well-Dying'의 개념으로 수용되고 있습니다. 이것은 환자와 가족에게 죽음을 자연스럽게 준비할 수 있는 환경을 조성해주면서 남은 시간 동안 삶의 질을 높이는 일련의 모든 과정을 의미합니다. 두려움에 떨고 있는 말기 암환자와 함께 그림을 그리며 마음을 치료하고, 생이 얼마 남지 않은 아이에게 애완동물을 안겨 주는 등 환자 개개인에게 맞는 배려를 통해 행복한 죽음으로 인도하는 것 모두가 넓은 의미의 존엄사에 해당합니다.

유럽과 대만의 경우 국가 차원에서 호스피스제도

를 정착시켜 회생가능성이 없는 환자들이 인간답게 죽음을 맞이할 수 있도록 하는 의료서비스를 무상으로 제공하고 있습니다. 일본의 경우도 대기업이 연계된 호스피스재단을 통해 시한부 환자들이 경제적 부담을 덜고, 편하게 삶을 마감할 수 있는 체제를 갖추고 있습니다.

불교계에서도 존엄사에 대한 논쟁이 뜨겁습니다. 아직 통일된 입장이 있는 것은 아니지만, 본디 업에 따라 주어진 삶을 인연을 조작해 인위적으로 연장한다는 것은 삶에 대한 집착이며 자유의지를 침해하는 것이란 견해에 찬성하는 이들이 점차 늘어가고 있습니다.

■ 사전의료지시서

대법원의 존엄사 허용 판결과 관련하여, 대다수 환자와 의사가 연명치료 중단을 미리 요청할 수 있는 사전의료지시서 작성에 찬성하고 있는 것으로 조사되었습니다. 사전의료지시서는 말 그대로 생전에 자신이 회복 불가능한 중병에 걸릴 경우, 어떻게 치료하고 보살펴주기 바라는지에 대해 미리 적어 놓는 것입니다. 이러한 의미에서 존엄사 판결을 계기로 사전의료지시서가 보편적이고 합법적인 의료체계로 확립될 필요가 있다 하겠습니다.

사전의료지시서의 한 종류로 미국에서 보편적으로 사용하고 있는 〈리빙월Living Will〉은 존엄한 죽음을 위한 선언서라 할 수 있습니다. 미국에서는 50개 주 가운데 한 곳만 제외하고 건강할 때 미리 자신의 존엄한 죽음을 원한다는 의사를 표하는 〈리빙월〉을 이미 법으로 제도화했습니다. 일본에서도 〈리빙월〉을 존중해야 한다는 결론을 내린 바 있고, 우리나라도 존엄사를 인정하는 대법원 판례가 있었으며 점차 존엄사를 중시하고 있습니다.

〈존엄한 죽음을 위한 선언서〉에 따라 품위 있는 죽음을 원하는 환자의 뜻은 대부분 수용되고 있는 상황입니다. 〈존엄한 죽음을 위한 선언서〉를 토대로 하는 존엄사는 '무의미한 연명치료를 거부'한다는 점에서는 안락사와 유사하지만, 행위와 판단의 주체, 죽음관, 삶의 태도, 죽음의 방식, 작별 인사의 방식 등에서 큰 차이가 있습니다.

자신의 생명과 관련된 문제를 주체적으로 결정할 것인가, 의사 혹은 가족의 결정에 맡길 것인가 하는 판단 주체의 차이는 매우 중요합니다. 〈존엄한 죽음을 위한 선언서〉에 미리 서명하는 사람은 평소 죽음을 자기 삶의 일부로 수용하면서 준비했을 것이고, 어느 정도 뚜렷한 생사관을 정립했으므로 존엄사의 방식으로 죽음을 맞이하겠다고 결심한 것입니다. 따라서 〈존엄한 죽음을 위한 선언서〉에 서명한 사람은 죽음의 수용과 준비를 통해 자신이 삶을 영위하는 방식을 되새기면서, 제한된 삶의 시간을 보다 의미 있게 살아가는 방식을 모색합니다. 이들은 평소 건강할 때 죽음을 맞이하는 자신의 방식을 능동적으로 결정해 놓았기 때문에 어느 날 갑자기 죽음에 임하더라도 흔들림 없이 평소 준비한 대로 자연스럽게 임종을 맞을 수 있게 됩니다.

죽음의 방식 역시 존엄사와 안락사에는 큰 차이가 있습니다. 존엄사에 뜻을 둔 사람은 삶과 죽음에 대해, 또한 자기가 죽음을 맞이하는 방식에 대해 평소 깊은 성찰을 거쳐 〈존엄한 죽음을 위한 선언서〉에 서명을 하게 됩니다. 존엄사를 결정한 사람은 작별 방식 역시 두려움이나 슬픔의 감정으로 헤어지기보다는, 마치 미리 준비해둔 여행을 떠나듯 가족을 향해 평안하게 미소 지으며 가벼운 마음으로 떠날 수 있습니다.

〈존엄한 죽음을 위한 선언서〉 서명을 계기로 해서 죽음의 방식만이 아니라 삶의 방식까지 심사숙고하도록 유도하는 것은, 우리 사회의 죽음의 질뿐만 아니라 삶의 질 역시 향상시킬 수 있는 일이 될 것입니다.

현재 불교계에서는 안락사는 부정하지만 존엄사는 인정하고 있습니다.

■ 장기 기증

의학과 의술의 발달에도 불구하고 장기이식만이 회복의 최선책인 사람을 위해 장기를 기증한다는 것은, 불교의 나눔을 실천하는 보시정신과 맞닿아 있습니다. 장기 기증, 장기 이식이 보시가 되기 위해서는 삼륜청정三輪淸淨의 조건을 갖추어야 합니다. 삼륜

청정이란 장기 기증 희망자(보시자), 이식 대기자(보시를 받는 사람), 장기(보시물)가 모든 집착과 분별(계산)을 떠나야 한다는 것입니다. 절대적이고, 철저하게 이타적인 마음의 발로가 보살행으로서의 보시입니다.*

불교설화에는 자신의 육신을 보시하여 타인의 생명을 살리는 이야기가 많이 있습니다. 이 이야기들에는 부처님의 생명존중사상과 보시정신이 잘 나타나 있습니다. 〈생명나눔실천본부〉 등 불교계의 장기 기증 운동은 부처님의 가르침에 따라 보시와 자비를 통해 생명 존중을 실천해 가고 있습니다.

현재 불교계의 〈생명나눔실천본부〉에서는 장기기증사업을 비롯하여 헌혈은행, 환자지원사업 등을 왕성하게 추진하고 있습니다. 이러한 단체 등에 문을 두드려 자신이 뇌사 상태에 빠졌거나 사망 후에 불치병을 앓고 있는 다른 사람을 위해 아름다운 생명을 나누는 일은 그 무엇보다 값진 죽음 준비일 것입니다.

---

* 전재성, 「뇌사 장기 이식 안락사」, 불교생명윤리 정립을 위한 공개 심포지엄, 2005 참조

존엄한 죽음을 위한 선언

저는 병에 걸려 치료가 불가능하고 죽음이 임박할 경우를 대비하여 저의 가족, 친척, 그리고 치료를 맡고 계신 분들께 다음과 같은 저의 희망을 밝혀두고자 합니다. 이 선언서는 저의 정신이 온전한 상태에 있을 때, 저의 신념과 의지에 따라 작성해 놓은 것입니다. 이 선언서가 법이 허용하는 범위 내에서 저의 희망과 의지를 표현하는 것으로 여겨지기 바랍니다.

1. 저의 병이 현대의학으로 치료될 수 없고 곧 죽음이 임박하리라는 진단을 받은 경우, 죽는 시간을 뒤로 미루기 위한 인공적 연명조치 없이 죽음이 자연스럽게 허락되기를 바랍니다. 다만 저의 고통을 완화하기 위한 의료적 조치는 자비롭게 행해지기를 요청합니다.

2. 제가 몇 개월 이상 의식불명의 혼수상태에 빠졌을 때는 생명을 인위적으로 유지하기 위한 연명조치를 중단해주시기 바랍니다.

3. 제가 위중한 병에 걸렸을 경우, 의식이 있을 때는 스스로 불교적 신행을 통해 죽음을 준비할 것입니다. 그러나 의식이 없게 되거나 임종 시에는 부처님의 보살핌 속에서 죽음을 맞이할 수 있도록 도와주시기를 희망합니다.

4. 저의 장례는 불교식으로 해주시기 바라며, 절차에 대해서는 ○○○님이나 저의 재적사찰 ○○사의 ○○ 스님과 상의해 처리해주시기 바랍니다.

5. 그 외 남기고 싶은 말

이와 같은 저의 선언서를 통해 제가 바라는 사항을 충실하게 실행해주신 분들께 깊은 감사를 드립니다. 아울러 저의 요청에 따라 진행된 모든 행위의 책임은 저 자신에게 있음을 분명히 밝히고자 합니다.

불기 25 년(20)년　　월　　일

본인　주 소			
	주민등록번호 :	성 명	서명(도장)
가족대표	주민등록번호 :	성 명	서명(도장)
직계가족	주민등록번호 :	성 명	서명(도장)
직계가족	주민등록번호 :	성 명	서명(도장)
〃	〃　　　:	〃	〃
〃	〃　　　:	〃	〃

임종 준비

임종 준비의 이해
임종 준비하는 법

임종 준비의 이해

임종 준비란 무엇인가?

죽음 준비가 삶의 전 과정에서 이루어지는 것이라면 임종 준비는 불치병·사고·고령 등으로 죽음이 선고되는 순간부터 임종 직전에 이르는 현실적인 기간, 곧 죽어가는 기간에 준비해야 할 일들을 말합니다. 즉 임종 준비는 자신이나 가족의 현실적인 죽음을 목전에 두고 정신적·물질적으로 구체적인 준비를 하는 것입니다. 불교 임종 준비는 부처님의 가피 아래 환자에게는 평안과 위안을, 가족들에게는 위로를 주어 환자와 가족, 그리고 임종과정을 같이하는 스님이나 불제자, 봉사자 모두가 하나의 자비공동체임을 확인하는 것이기도 합니다.

최근에는 예전과 달리 임종 준비가 점점 더 중요해지고 있습니다. 이는 기본적으로 현대의 죽음 과정과 모습이 과거와는 여러 면에서 달라진 데서 연유합니다. 즉 이전의 죽음이 갑작스레 찾아오는 사건이었다면, 현대의 죽음은 사전에 충분히 예고된다는 것입니다. 물론 갑작스럽게 죽음을 맞이하는 경우도 있지만, 오늘날에는 의학의 발달로 인해 죽음에 대한 예고가 훨씬 앞당겨지고 있습니다.

이러한 '예고된 죽음'은 가족과 본인의 '예고된 슬픔'과 환자 본인의 죽음 인지 및 수용이라는 차원이 다른 새로운 문제들을 드러냈습니다. 따라서 이제 '나', '가족' 이라는 주체적 측면에서 죽어감과 죽음 준비가 점점 더 중요해지고 있는 것입니다. 즉, 현대 사회에선 '죽음death' 못지않게 '죽어감dying'이 중요해진 것이지요.

임종 준비는 언제부터 하는가?

그러면 임종 준비는 언제부터 해야 할까요? 언제부

터라고 분명하게 이야기하기는 어렵습니다만 현실적으로 환자가 회복 불가능하며 죽음이 가까워졌다는 의학적 판단이 내려지고 이를 가족, 또는 환자 본인이 알게 될 때부터라고 볼 수 있습니다. 이때부터 적어도 환자 가족은 환자가 머지않은 장래에 세상을 떠나게 될 것임을 알게 되며, 가족으로서 환자를 위해 임종을 준비해야 하고, 또 할 수 있기 때문입니다. 여기서 환자의 죽음에 직면한 가족들이 우선 고민하고 해결해야 할 문제가 있습니다. 바로 환자에게 사실을 말할 것인지 아닌지에 관한 결정입니다.

죽는다는 사실을 환자에게 말해야 하는가?

근래에는 대부분의 의사들이 환자가 회복 불가능한 상태임이 확인되면 보호자인 가족이나 환자 본인에게 그 사실을 알려줍니다. 환자에게 알려주는 경우는 병원이나 의사에 따라 다를 수 있지만 적어도 가족들에겐 대부분 알려줍니다. 즉 가족들이 환자보다 먼저 알게 되는 게 일반적입니다. 환자가 죽는다는 사실을 알게 되면 가족들은 어느 정도 예측했던 일이기는 하지만, 극심한 슬픔과 충격에 빠지게 됩니다. 종종 가족들 역시 전혀 예측하지 못한 경우도 있을 수 있습니다. 이럴 경우 가족들은 정신적 공황상태에 빠지기도 합니다. 정신적 공황과 슬픔을 극복하는 것도 중요하지만 가족들은 먼저 이러한 사실을 환자 본인에게 알려야 할지를 결정해야 합니다.

많은 연구 결과에 따르면 환자에게 사실을 그대로 알려주는 것이 좋다고 합니다. 설령 의사가 알려주지 않더라도 대부분의 환자들은 주변 상황을 통해 본인의 상태를 알게 됩니다. 환자 스스로 자신이 죽을 것임을 알고 있음에도 불구하고 의사나 간호원, 그리고 가족들이 자신의 운명에 대해 이야기해 주지 않을 때, 그들은 서운함과 심지어 배신감까지 느끼기도 합니다.

또한 많은 중환자들이 혼수상태 또는 약물 투약으로 반무의식 상태에서 죽기 때문에 가족들과 마지막 감정을 함께 나누지 못하고 죽어갑니다. 따라서 가족들이 사실을 인지하면 곧바로 의사와 의논하여 환

자에게 알려주는 것이 좋습니다. 의사가 의학적 입
장에서 반대한다면 어쩔 수 없지만 그렇지 않은 경
우에는 환자 본인에게 알려주는 것이 좋습니다. 특
히 환자가 계속 묻거나 요구할 때는 알려주는 것이
바람직합니다. 그래야 환자와 가족, 환자와 의료진
간에 신뢰가 생기고 진실한 대화가 가능하게 됩니다.

최근 대법원에서 존엄사를 인정하는 판결이 있었
고, 환자가 자신의 운명을 알고 결정할 권리에 대한
사회적 합의도 모양새를 갖추어가고 있는 상황입니
다. 또한 많은 선지식들이 극락정토에 왕생하느냐의
여부가 임종의 순간에 결정된다고 말하고 있습니다.
따라서 환자는 자신의 죽음을 인지하고 있는 것이
좋습니다. 그래야 환자 본인이 스스로 여생을 계획
하고 보다 충만되고 의미 있는 일들을 찾게 될 테니
까요. 다만 그 시기와 방법은 상황에 따라 달라져야
합니다.

물론, 사실을 알려줄 것인지의 여부를 결정하는
데는 여러 정황을 고려해 좀 더 신중할 필요가 있습
니다. 자신의 죽음을 완강히 부정하는 환자에게 굳

이 죽음을 인식시키려 하는 것은 아무런 의미도 없을뿐더러, 오히려 환자에게 불안감만 가중시키고 심각한 경우에는 정신착란에 이르게 할 수도 있기 때문입니다.* 따라서 기본적으로 환자의 상태를 본인에게 알려주는 것이 바람직하되, 환자의 상황에 따른 섬세한 배려가 필요합니다.

환자에게 사실을 통보하는 사람은 가족보다는 의사가 좋으며 시기는 환자가 안정된 상태일 때 하는 것이 좋습니다. 그리고 완곡하지만 솔직하게 말하는 것이 좋습니다. 환자에게 치료나 회복의 희망을 갖도록 하는 것은 바람직하지 않습니다. 그러면 환자는 끝까지 삶에 집착하다 결국은 자신의 마지막을 정리하고 내세를 준비할 기회를 가질 수 없게 되기 때문입니다.

환자에게 사실을 알려줄 때는 결론부터 이야기하거나, 한 번에 모든 사실을 다 말해 주거나, 의학적 용어로 설명해 주거나, 환자를 위해 할 수 있는 방법

* 브라이언 버드, 이무석 옮김, 『환자와의 대화』, 이유, 2007, pp.108~111

은 없다고 말하는 것은 좋지 않습니다. 그 대신 환자가 수용할 수 있는 상태가 되도록 분위기를 만들어 먼저 한 가지 사실을 이야기하고 환자의 반응을 지켜본 다음 환자가 납득하면 다음 이야기를 진행하는 것이 좋습니다. 단순하게 이야기하되 이러한 증상이 환자에게 의미하는 바가 무엇인지를 알 때까지 기다린 다음에 설명합니다. 환자가 질문할 수 있는 여지와 시간을 주고, 환자가 부정할 때는 충분히 이해하고 동조한 다음 가족이나 의료진 모두가 어떤 식으로든 환자와 함께할 것임을 확신시키는 것이 좋습니다. 환자에게 이야기하기 전후엔 환자의 마음을 다스리고 평안하게 하는 염불기도 등 병상의례를 해 주시기 바랍니다.

임종 준비하는 법

임종 인지 과정과 수용

환자가 자신이 죽을 것이라는 사실을 의사나 가족으로부터 듣거나 또는 스스로 여러 상황 변화로 인해 알게 되면 환자는 그야말로 정신적 공황상태에 빠지게 됩니다.

환자가 자신이 곧 죽을 것임을 알게 될 때, 첫 반응은 일반적으로 충격과 부정, 공포입니다. "오, 나는 아니야!"라는 반응을 보이며 모든 자기 보호적인 방어기제들을 동원해 그 사실을 부정하는 것이 일반적입니다. 이러한 단계에 이어 시간이 지나면서 점차 죽음을 수용하게 됩니다. 물론 각각의 단계가 뚜렷한 것이 아니며 이러한 반응들이 복합적으로 나타나기도 합니다. 퀴블러 로스(Elisabeth Kübler-Ross)는 일반적으로 자신의 죽음을 알게 된 환자가 겪게 되는 다섯 가지 단계와 상황을 다음과 같이 설명합니다.

첫 번째 단계는 부정입니다. 충격적인 사실을 듣고 이를 거부함으로써 자신을 보호하는 완충작용을 하게 되며 자신을 가다듬을 수 있게 됩니다. 이러한 반응은 본능적인 것으로, 일시적인 거부와 부정이 지나간 후에 부분적 순응의 다음 단계가 따르게 됩니다.

두 번째 단계는 분노입니다. 환자는 자기가 왜 죽어야 하는지 분노를 터트립니다. 이 단계에서 환자들은 종종 다루기 힘들고 비판적이며 끊임없이 무언가를 요구하고 비협조적일 수 있습니다. 이때 의료진이나 가족들은 환자의 마음을 이해하고 화를 표출할 수 있도록 배려해주는 것이 좋습니다.

세 번째 단계는 협상입니다. 충격과 부정, 분노의 단계가 지나면 환자들은 처음으로 자신에게 무엇이 일어나고 있는지를 완벽하게 파악하게 됩니다. "그래, 내게도 올 것이 왔군, 하지만……." 이라며 종종 의사나 가족들이 요구하는 바람직한 행동을 보이는 가운데 보다 많은 시간을 얻기 위해 스스로 협상하는 시간을 갖게 됩니다.

네 번째 단계는 의기소침입니다. 이 단계에서 환자는 의기소침, 우울함에 빠지게 됩니다. 과거와 미래의 상실에 대한 회한은 슬픔과 침묵으로 곧잘 표현됩니다. 이 과정에서 환자는 사랑하는 모든 대상과 분리를 시작합니다. 이때 환자에게 "힘내, 모든 게 잘 될 거야"라고 말하는 것은 그 환자의 화해와 조정을 방해하는 것이 됩니다.

다섯 번째 단계는 수용입니다. 환자는 마지막 단계로 자신의 죽음을 받아들이게 됩니다. 자신의 주변을 정리합니다. 마음에 빚을 진 사람에게 용서를 구하고 또 미운 사람을 용서합니다. 가족들에게 남기고 싶은 말을 전하고 자신의 장례나 사후에 대한 부탁도 하게 됩니다. 이때 환자들은 불행하다기보다는 오히려 무덤덤하고 담담한 모습을 드러내기도 합니다. 이때부터는 환자의 극락왕생을 위해 가족들이 노력해야 할 때입니다. 환자가 자신의 죽음을 수용하고 있기 때문에 부처님을 마음 속 깊이 영접하여 불법佛法을 통해 극락정토에 왕생할 수 있도록 기도하고 또 기도해야 합니다.

환자가 수용의 단계로 들어감에 따라 그의 관심 세계는 점점 좁아집니다. 이로 인해 환자는 혼자 있고 싶어 하며 때로는 문병객을 달가워하지 않으며, 사람이 방문을 해도 이야기를 나눌 기분이 아닐 때가 많습니다. 의사소통은 언어보다 무언의 대화로 바뀌기도 합니다. 이 침묵의 순간이야말로 가장 뜻 깊은 의사소통이 이루어지는 순간이기도 합니다. 죽어가는 사람의 마음과 감정을 수용할 때 환자와의 의사소통에 놀라운 영향력을 미치게 됩니다. 뿐만 아니라 환자는 버림받지 않았다는 확신에서 큰 위로를 받게 되며, 동시에 자신은 주변 사람들로부터 사랑을 받는 가치 있고 소중한 존재임을 인식하게 됩니다.

■ 환자 스스로 해야 할 일

환자가 자신의 죽음을 받아들이기란 쉽지 않습니다. 자신이 죽는다는 사실을 알게 된 때로부터 죽는 순간까지 환자 스스로 어떻게 임하고 대하느냐에 따라 그 기간이 엄청난 고통이 될 수도 있고, 극락행을 준비하는 매우 소중한 기회가 될 수도 있습니다. 극심한 공포와 고통 속에 결국 삼악도의 나락으로 추락할 수도 있고, 환희심으로 부처님 세계로 들어갈 수도 있습니다. 결국은 환자 스스로 삶의 마지막을 어떻게 마무리하느냐가 중요합니다.

이때 환자가 할 일은 자신의 죽음을 빨리 수용하고 현실적인 삶을 마무리하며 소중한 기회를 살려 존귀한 죽음을 통해 극락왕생하는 것입니다.

이를 위해서 환자가 가장 먼저 할 일은 죽음을 긍정적으로 받아들이는 것입니다. 자신의 죽음을 긍정적으로 받아들이기 위해서는 죽는다는 사실이 주는 충격, 죽음이 주는 두려움과 슬픔 등의 감정을 극복하고 평정심을 되찾아야 합니다. 자신의 감정을 숨기거나 짓누르지 말고 가족이나 호스피스, 간병인에게 이야기하고 토로하는 것이 좋습니다. 감정이 복받칠 때엔 염불을 하는 것이 좋습니다. 일심으로 염불을 하면 감정이 차츰 정화되면서 마음의 안정을 찾게 됩니다. 염불을 할 때는 생전의 선업을 회상하며 내세에 희망을 갖고 일심으로 합니다.

다음으로 중요한 것이 희망을 갖는 것입니다. 삶에 대한 희망이 아니라 내세, 즉 극락정토행에 대한 희망입니다. 스스로 원을 세우고, 희망을 갖고 원력을 쌓아가야 합니다. 모든 것을 용서하고 놓아야 합니다. 가져가야 할 것은 오로지 내세에 대한 희망뿐입니다. 그러면 업장은 소멸하고 선업만 남게 되어 극락에 이르게 됩니다.

세 번째로는 현실적인 삶을 정리하고 구체적으로 자신의 임종을 준비하는 것입니다. 못다 한 일이 있다면 우선순위를 정해 정리하고 놓을 것은 빨리 놓아야 합니다. 이때 재산의 정리, 유산의 배분 등 유언과 관련된 일과 구체적으로 자신의 임종과 장례 등에 대해 의견을 말해 두는 것이 좋습니다. 가능하다면 사전의료지시서 등을 미리 준비합니다.

마지막으로 할 일은 염불기도입니다. 스스로 원력을 세우고 기도하면 이루어집니다. 업장은 소멸하고 죽음에 대한 공포는 사라지며 희망과 환희심이 생겨납니다. 이것이 바로 염불의 힘이며 부처님의 가피력입니다.

■ 가족과 봉사자들이 할 일

불자로서 복을 지을 수 있는 방법들은 매우 많습니다. 그 가운데 환자를 보살피고 간호하는 것이 가장 큰 복 짓기 중의 하나입니다. 부처님께서도 말씀하시기를 여러 복 짓기 중에 최상이 바로 환자를 간호하는 것이라 했습니다. 환자의 간호와 돌봄을 위한 봉사는 비단 가족뿐 아니라 잘 모르는 타인을 위해서 할 때 가장 큰 복전이 됩니다. 오죽하면 간병복전看病福田이라 했겠습니까. 말 그대로 간병은 복을 짓는 밭이 되는 셈이지요.

하지만 바쁜 일상에서 생업을 제쳐두고 내가 잘 모르는 환자를 위해 간병한다는 건 힘든 일입니다. 그러나 낳아주신 부모나 사랑하는 가족이 죽음 앞에서 있을 때 간병을 하는 것은 너무나도 당연합니다. 따라서 환자의 가족이라면 만사를 제쳐두고서라도 시간을 최대로 할애하여 간호에 임해야 합니다. 이 것이야말로 말로 다할 수 없는 복을 짓는 행위입니다. 이는 가족으로 당연한 보살핌이기도 하지만, 『지장경』에서 이르듯이 죽어가는 자를 위해 염불이나 공덕을 쌓을 경우 죽는 사람보다 오히려 공덕을 쌓는 자가 보다 많은 가피를 입는다고 합니다.

■ 환자 돌보기 : 임종봉사

염불이든 보시든, 아니면 환자를 돌보는 일이든 임종에 처한 환자를 돕는 것은 결코 쉬운 일이 아닙니다. 사람들이 죽을 때 그 임종과정은 사람마다 다양하며, 예기치 못한 혼란과 고통스런 감정의 개입을 수반하기 때문입니다.

임종을 맞이하는 환자를 돕는 데 가장 중요한 기술은 그들의 욕구가 무엇이며 우리가 이를 어떻게 받아들이고 돌볼 것인가를 이해하고자 노력하는 자세입니다. 환자를 방문할 때는 자신의 욕구와 바람을 제쳐두고 단지 환자와 함께 거기에 있고, 그를 위해 할 일을 기꺼이 하며, 환자를 보다 이해하고 마음 편하게 해줄 수 있도록 도와주려 하는 것이 최선의 방책입니다.

환자들은 종종 두려움이나 공포, 후회, 슬픔, 사랑하는 사람과 물건에 대한 집착, 심지어 분노와 같은 혼란스런 감정들과 접합니다. 그들은 이러한 감정들을 대면하고 처리하는 데 어려움을 느낍니다. 이때 도움이 되는 것은 그들과 함께 보내며 진지하고 애정 있게 이야기를 들어주고 마음을 평안하게 해주는 일입니다.

이를 효과적으로 하려면 우리 스스로 자신의 감정에 대면하는 방법을 알아야 합니다. 이러한 감정들을 다루는 최상의 방책이 바로 '그렇구나' 하면서 상대의 입장을 내 것으로 받아들이는 것입니다. 이는 스스로 무상을 생각하는 것, 즉 우리의 몸과 마음, 그리고 이 세상의 삼라만상이 끊임없이 유전하는 것이며 변하지 않는 실체란 없음을 깊이 깨달음으로써 가능합니다. 무상에 대한 이해와 깨달음이야말로 두려움뿐 아니라 죽음에 대한 일종의 저항심리인 집착에 대한 가장 강력한 해결방편 중 하나입니다. 또한 불법승 삼보에 대한 굳은 믿음이 우리가 그러한 감정들을 직면하고 다스리는 데 필요한 용기와 힘을 주게 될 것입니다.

임종을 맞이하는 환자들을 돕는 데 있어 매우 중요한 또 다른 하나가 바로 희망 주기와 용서하기입니다. 임종할 때, 많은 사람들은 죄의식과 후회, 의기소침함과 무기력감을 느끼고 경험합니다. 우리는 환자들이 그들의 감정을 표출하도록 돕고, 애정 있게 들어주는 것으로 도울 수 있습니다.

하지만 그들의 말을 함부로 판단해서는 안 됩니다. 환자들에게 그들의 삶에서 그들이 성공적으로 수행했던 것, 또는 선업을 기억하게 하고 그들이 살아온 삶을 긍정적으로 생각할 수 있도록 도와주고 용기를 줄 필요는 있습니다. 만일 환자들이 그것에 관심을 기울이면, 그들의 본성이 본래 선하며 순수함을 일깨워줍니다. 그들의 단점이나 악업은 유리창의 티처럼 제거되고 닦여질 수 있음을 주지시킬 필요도 있습니다.

어떤 사람들은 종종 그들이 살아생전에 한 악업이 너무 많고 커서 결코 용서받을 수 없을 거라 생각합니다. 하지만 어떤 악업이라도 부처님에 의지하여 진심으로 참회하면 용서받는다는 사실을 확신시켜 희망을 갖게 해야 합니다. 만일 환자가 그러한 믿음이 없다면 우리는 환자들을 도와 그들 스스로 참회와 용서를 구하도록 도와주어야 합니다. 이것이 우리가 해야 할 가장 중요한 일입니다.

그 밖에 많은 일선 호스피스봉사자들이 임종에 처한 환자를 도울 수 있는 가족이나 친지의 역할을 소개하고 있습니다. 그중 몇 가지를 살펴보면 다음과 같습니다.

첫째, 환자의 병명과 진단 내역, 치료 방법 등을 잘 숙지해야 합니다.

둘째, 환자가 소생할 수 있다면 치료를 위해 최선을 다하고, 소생할 가망성이 전혀 없다면 그 사람이 편하게 저 세상으로 떠날 수 있도록 도와줍니다. 그 방법은 사랑과 자비를 베풀고 집착을 여의게 해 주는 것입니다.

셋째, 함께 슬픔을 나눕니다. 슬픔을 함께 나누는 것은 자비를 실천하는 길이기도 하며 그 사람을 따스하게 위로해 주는 선묘방편입니다. 이러한 위로를 통해 환자는 감사와 진정한 삶의 기쁨을 느낍니다.

넷째, 임종 시간이 다가오면 환자와 이별을 고해야 합니다. 임종 직전에 있는 사람에게 베풀 수 있는 우리들의 마지막 선물은 이제는 떠나도 좋다고 표현해주는 것입니다. 그것은 지상에서 가장 아름다운 이별이 될 수 있습니다.

마지막으로 환자의 전문적인 돌봄을 위해서는 불교 호스피스의 도움을 받는 것도 좋은 방법입니다.

슬픔의 수용과 극복 방법

사랑하는 사람이 곧 죽을 것이란 사실을 알게 되면 가족들에게는 참을 수 없는 슬픔이 밀려옵니다. 슬픔은 파도처럼 밀려왔다 밀려가곤 하는 역동적인 과정입니다. 슬픔은 한 번에 20분에서 1시간가량 지속되는 일련의 파장이라 할 수 있습니다.

대부분의 환자나 가족들은 죽음이 가져 오는 슬픔과 고통이 마치 해안가에 부딪히는 파도의 밀려옴, 밀려감과 같다고 비유합니다. 고통의 파도는 통제할 수 없는 울음을 폭발시키다가 이내 물러나곤 합니다.

이러한 슬픔을 극복하는 데 가장 중요한 것은 슬픔을 자유롭고 충분하게 토로하는 것입니다. 울고 싶을 때 울고, 화가 나면 화를 푸는 것이지요. 그러지 아니하고 자신의 슬픔을 부정하거나 피하고 억압할수록 슬픔의 극복은 더욱더 봉쇄되고 왜곡되며 고통스러워집니다.

슬픈 감정들이 전형적이고 공개적인 방식으로 표출되지 못하면 슬픔은 육체적 병이나 우울증, 신경과민, 불면증과 같은 은밀한 방식으로 가장되어 나타나기도 합니다. '슬픔의 유일한 출구는 오직 슬퍼하는 것'뿐임을 유념하시기 바랍니다.

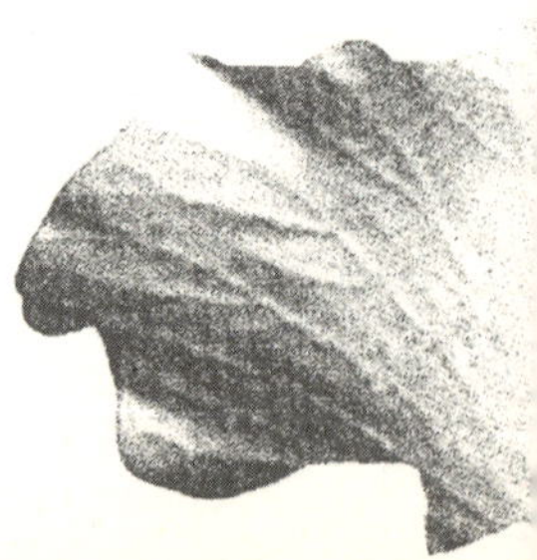

병상의례

병상의례의 이해
병상의례의 실제

병상의례의 이해

병상의례란 무엇인가?

병상의례란 환자 또는 그 가족이 임종을 알게 된 시기부터 임종 직전까지 진행하는 의례입니다. 부처님 가르침에 기반해 환자 및 그 가족의 심리적 혼란과 두려움을 보살피고 생사의 무상함을 깨닫도록 이끌어줌으로써 편안하게 내세를 준비할 수 있도록 하는 것이 불교병상의례의 목적입니다. 이러한 병상의례는 죽음이 다가왔지만, 어느 정도 환자가 자신의 죽음을 수용하지 못하고 있는 상황, 즉 죽음을 부정하거나 부정하고 싶은 마음이 있을 때 하는 의례입니다. 그래서 병상의례는 임종이나 극락왕생 등 죽음이나 죽음을 떠올리는 말을 직접적으로 언급하지 아

니하며 기도와 염불로 마음의 평안과 평정심을 지니
도록 합니다.

드물기는 하지만 병상의례는 환자 본인의 염불과
가족·봉사자의 조념염불助念念佛을 통해 병이 치유되
는 기적을 낳기도 합니다. 조념염불이란 가족이나
봉사자·도반 등이 환자와 함께 일심으로 환자의
쾌유나 극락정토행을 위해 염불기도해 주는 것을 말
합니다.

병상의례는 왜 하는가?

병상의례를 하는 이유는 무엇일까요? 병상의례를 하
는 것은 첫째 환자의 마음을 다스려 보다 편안하고
안정되도록 돕기 위함입니다. 자신의 죽음을 인지하
게 되면 누구나 엄청난 충격을 받게 됩니다. 아무리
환자 본인이 어느 정도 예견했다 하더라도 서서히
죽음이 다가오는 것을 느끼면 충격을 받기 마련입니
다. 병상의례는 이러한 환자의 충격과 고통, 공포를
부처님의 원력을 통해 위무하려는 것입니다.

두 번째는 환자로 하여금 삶에 대한 집착을 끊도록 하는 데 도움이 되고자 함입니다. 삶에 집착하면 죽음은 죽는 순간까지 불안하고 두려운 것이 됩니다. 역으로 죽음을 불안하고 두려운 것으로 보면 더욱 더 삶에 집착하게 됩니다. 따라서 불교병상의례는 생에 대한 집착을 끊어 불안과 공포를 제거하여 죽음을 자연스럽게 수용하도록 하는 데 있습니다.

세 번째는 죽음에 즈음하여 환자를 안락한 내세로 인도하거나 극락정토에 왕생할 수 있는 기회를 주고자 함입니다. 죽기 직전 어떤 마음을 갖느냐에 따라 극락과 지옥이 결정됩니다. 병상의례는 삶에 대한 집념과 집착을 버리고 안락한 내생을 가능하게 하는 불교의례입니다. 내세에 대한 믿음과 확신을 갖게 해 평안하고 평화로운 임종을 맞이해 환희심으로 극락정토에 이르도록 이끄는 것입니다.

네 번째는 환자 가족이 겪는 슬픔을 위무하고 치유함은 물론, 사랑하는 가족의 임종을 통해 스스로 자신의 죽음 준비를 할 수 있도록 도와주는 것입니다. 특정한 의례 형식은 마음을 다스리는 데 큰 도움이 됩니다. 부처님의 가피와 원력은 죽음을 목전에 둔 환자에게 놀랄만한 효과를 가져옵니다. 이러한 의례를 통해 삶과 죽음이 둘이 아니며, 무상을 깨친다면 죽음은 단지 하나의 과정이라는 사실을 알게 됩니다. 따라서 죽음이 주는 불안과 공포, 슬픔은 평정심으로 대체됩니다. 이러한 경험은 비단 환자의 현실적 고통을 극복하게 해줄 뿐만 아니라 장차 가족이나 봉사자 자신의 죽음을 맞이하는 데도 매우 유용한 경험이 됩니다.

다섯 번째는 병상의례가 부처님의 가르침을 실천하고 스스로 복을 짓는 지름길이라는 것입니다. 환자를 위해 기도하는 것은 환자를 정토로 인도함은 물론 자신의 선업을 쌓는 일이 됩니다. 환자나 죽은 자를 위한 기도는 그 70% 이상이 실상 환자나 고인이 아니라 자신의 복이 된다는 점도 잊지 말아야 할 것입니다.

병상의례는 언제 하는가?

병상의례는 환자 자신이 회복 불가능한 상태임을 인지하는 시기부터 임종 직전까지 할 수 있습니다. 따라서 그 시기는 길게는 수년에서 수개월, 짧게는 몇 시간에 불과할 수도 있습니다.

즉 병상의례는 회복 불가능한 상태임을 알게 된 때부터 임종 직전까지 하는 것이며, 만약 환자가 의식을 잃거나 임종 징후가 나타나면 임종의례를 하게 됩니다. 환자가 자신의 죽음을 수용하지 않고 부정하거나 수용하더라도 자신의 죽음에 불안해하고 꺼릴 경우, 부처님의 가피와 스스로의 발심을 통해 자신의 죽음을 보다 편안하고 준비된 상태에서 맞이할 수 있도록 행하는 것이 바로 병상의례라 할 수 있습니다.

병상의례의 내용

병상의례는 회복 불가능한 상태임을 알게 된 때부터 임종 직전까지 자신의 죽음을 완전히 수용하지 못하는 환자에게 해주는 불교의례입니다. 병상의례는 특정한 형식이나 틀이 있는 것이 아닙니다. 부처님 가르침에 따라 환자를 편안하게 해 줄 수 있는 방편이면 다 병상의례가 됩니다. 보편적으로 병상의례에서 가장 많이 이루어지는 것은 염불기도라 할 수 있습니다.

그런데 죽음을 수용하지 못한 환자에게 죽음을 애써 떠올리는 의례를 하면 환자는 "아, 이제 내가 죽는구나!"라는 생각을 갖게 해 오히려 불안이나 공포를 깊게 할 수 있습니다. 따라서 병상의례는 환자의 마음을 편안하게 해 주는 것에 만족해야 합니다. 다만 불제자가 아닌 환자가 수계를 받아 정식으로 불제자가 되기를 원한다면 다음에 소개하는 병상의례 식순에 준해 기도해주면 됩니다. 여의치 않을 경우에는 환자든, 가족이든, 봉사자든 염불기도가 곧 병상의례라 생각하고 염불하면 됩니다. 때로는 스님이 오셔서 환자의 손을 잡아주는 것만으로도 훌륭한 의례가 될 수 있습니다.

병상의례는 환자가 인식하든 하지 않든 환자에게

삶에 대한 집착을 끊고 죽음을 편안하게 수용할 수 있도록 이끌어주는 데 목적이 있습니다. 그리고 병상의례를 통해 가족에게는 슬픔을 충분히 토로할 수 있는 기회를 제공합니다.

한편 가족들이 비통함, 슬픔을 표할 때는 환자 곁을 떠나서 해야 합니다. 현실적으로, 아무리 위중한 환자라도 자신의 죽음을 순순히 납득·수용하기란 쉬운 일이 아닐 수 있습니다. 환자가 자신의 죽음을 부정하거나 거부하는 단계에는 '죽음대비의례'를 한다기보다는 부처님의 가피로 평안하게 보살핀다는 데 초점을 맞추어야 할 것입니다. 즉, 병이 위중할 때부터 스님을 초청하여 평안하도록 염불을 해주거나, 그럴 여건이 되지 못할 경우 유족이 간단하게 염불 등의 불교적 돌봄이나 기도를 해주는 환경이 먼저 조성되어야 할 것입니다.

병상의례는 환자와 같이하는 것이 최선이나 그렇지 못할 경우 환자를 제외하고 할 수도 있습니다. 병문안 온 도반들이 있다면 함께하는 것이 좋습니다. 불제자라면 친지나 지인이 위중할 경우 병상의례에 참여해 환자의 정토행 발원은 물론 자신의 선업을 쌓는 게 좋습니다.

병상의례를 할 때엔 의례에 필요한 경전과 염주 등을 준비합니다. 염주는 환자의 목이나 팔, 손에 걸어주고, 상황에 따라 생화, 명상음악을 준비해서 활용할 수 있습니다. 병상의례에 준해서 염불합니다만 형식에 매일 필요는 없습니다. 환자가 수계를 원한다면 가급적 스님을 모시고 합니다. 의례 후에는 아미타불 염불이나 명상음악을 들려줍니다. 의례의 형식과 무관하게 환자나 가족은 수시로 염불합니다.

병상의례의 핵심은 환자가 편안한 마음을 갖도록 하고 내세에 대한 확신으로 자신의 죽음을 수용하도록 하는 것입니다. 이러한 마음의 평정과 죽음의 수용은 종종 기적처럼 병에서 벗어나게 하기도 합니다. 하지만 이는 일시적이며 언젠가는 다시 임종 상황에 직면하게 됩니다.

거듭 말하건대, 병상의례는 뚜렷한 형식이나 절차가 없습니다. 환자가 편안한 마음을 갖도록 할 수 있는 여러 방편들이 곧 의례의 핵심 내용입니다. 스님이나 도반이 환자의 손을 잡고 무언의 기도를 하는 것에서부터 환자에게 수계하고 연비하여 불제자로 거듭나도록 하는 것에 이르기까지 그야말로 무형식이 형식이라 할 수 있습니다.

상황별 병상의례

■ 병상의례를 하는 때와 장소

현실적으로 병상의례는 환자나 가족의 심리적·정서적 안정과 집착을 내려놓게 하는 것으로 언제부터 해야 하고 어느 때 해야 된다는 정형화된 틀은 없습니다. 병상의례는 가족의 입장에서 환자의 병이 회복 불가능하다고 판단될 때부터, 즉 환자의 병이 위중할 때부터 할 수 있습니다. 특히 환자에게 죽음이 임박했다는 사실을 말하기 전후에는 반드시 하는 것이 좋습니다. 이후에는 환자가 안절부절하거나 심적 고통을 겪을 때, 죽음이 주는 두려움이나 슬픔에 겨워할 때마다 본인 스스로 또는 가족이나 봉사자가 수시로 준비해 행할 수 있습니다. 친지나 도반들이 병문

안 올 때도 다함께 병상의례를 하는 것이 좋습니다.

병상의례를 어디서 하는가의 문제 역시 마찬가지입니다. 상황에 따라 여건에 맞게 하면 됩니다. 병원·집·요양원 등에서 환자의 주변을 정갈하게 정돈한 뒤 합장하고 기도할 수 있습니다.

■ 준비할 것과 유의할 점

병상의례를 위해 특별한 준비물이 있는 것은 아닙니다. 스님이 오실 경우에는 직접 의례에 필요한 것들을 가지고 오십니다. 가족이 준비할 경우에는 불상, 염주, 경전 등만 있으면 됩니다. 이것이 여의치 않다 하더라도 할 수 있는 것이 바로 병상의례입니다. 환자 스스로 또는 가족과 함께 일심으로 염불만 하면 됩니다.

병상의례를 할 때는 항상 환자의 심리적 상태에 유의해야 합니다. 환자가 원하는지 원하지 않는지와 수용 정도에 신경을 써야 합니다. 의례를 하는 가족이 불자라 해서 타종교를 가진 환자에게 불교식 병상의례를 하면 안 됩니다. 환자가 오히려 더 불안해지거나 혼란스러워 할 수 있기 때문입니다.

환자가 자신의 죽음을 인지 또는 수용하지 못하고 있는 상황에서는 함께 의례를 하는 가족이나 참여자가 울거나 지나치게 슬퍼해서는 안 됩니다. 또 죽음을 직접 언급하거나 암시해서도 안 됩니다. 병상의례를 통해 스스로 자신의 죽음을 수용할 수 있도록 보다 자주 병상의례를 베푸는 것이 좋습니다.

■ **병상의례를 할 때의 독송 경전**
불교 경전 대부분은 생사불이와 무상을 설하고 있기 때문에 대다수 경전을 기도문이나 발원문으로 사용할 수 있습니다. 다만 병상의례의 단계에서는 죽음이나 임종을 직접적으로 언급하거나 떠올리는 내용의 경전은 삼가는 것이 좋습니다. 환자가 자신의 죽음을 인지하기 전이거나 인지하더라도 어렴풋하게 알 때, 또는 자신의 죽음을 인지하고 극심하게 부정할 때는 삶과 죽음을 초월하는 내용의 경전을 독송하거나 들려주는 것이 좋습니다. 예를 들면 「관세음보살보문품」, 「보왕삼매론」, 「법성게」 등이 좋습니다.

환자가 자신의 죽음을 수용하거나 다소 부정하고 불안한 마음이 있지만 죽음을 수용하려는 자세가 있다면 『아미타경』 등이 좋습니다. 환자나 가족이 평소 신행 시에 하는 염불이 있다면 그 염불을 하면 됩니다. 환자가 불자가 아니거나, 불자라 하더라도 불교의식에 익숙하지 않을 경우라면 아미타불이나 관세음보살 염불도 좋습니다.

병상의례는 어떤 효험이 있는가?

병상의례에서 가장 중요한 내용 중의 하나가 바로 염불기도입니다. 염불수행이 얼마나 효험이 있는 방법인지를 보여주는 한 체험담을 소개하면 다음과 같습니다.

나는 금년(1990년)으로 70세가 되었다. 40여 년 전 항주杭州의 유명한 점성가인 보천구普天球와 요상림姚祥林에게 사주팔자를 본 적이 있는데 그때 두 사람 다 나의 수명이 51세라 하였다.

나는 그 말을 듣기 전에도 본래 인생의 간난신고艱難辛苦와 온갖 풍파는 어찌할 수 없는 것이라서 속수무책으로 감내해야만 하는 것이라 생각했었다. 그러나 당시 전덕극戰德克이 쓴 『기도지귀岐途指歸, 覺海慈航』를 읽고 크게 느낀 바가 있어서 근본적으로 운명을 바꿀 방법을 찾게 되었다. 그 방법은 바로 보리심을 발하여 일심으로 염불하여 정토왕생을 구하는 것이었다. 그 후 날마다 '십념염불十念念佛'을 지속하였다. 당시 나는 내 수명이 51세라는 예언은 마음에 새겨두지 않았다.

1950년 나는 큰 국영기업에 들어가게 되었다. 날마다 업무와 갖가지 학습, 운동 때문에 비교적 긴장된 생활을 하였지만 남몰래 염불을 지속하면서 '번개가 쳐도 움직이지 않고 바람이 불어도 넘어지지 않는' 견고한 신심을 갖는 경지에 이르렀다.

1971년 내 나이 51세가 되는 해였다. 그해에 나는 운동을 하다가 다쳐서 몸이 좋지 않았다. 1분당 심장 박동 수가 100까지 자주 올라갔고 또 치질로 대량의 출혈이 있었다. 그럼에도도 운동과 각종 학습 일정이 너무 빡빡해서 치료받으러 갈 시간조차 없었다.

그해 4월 3일 저녁은 평생 잊지 못할 것이다. 그날 잠을 잘 무렵 평소 습관대로 침대에서 합장하고 "나무아미타불" 열 번을 묵념하였다. 그런데 갑자기 심장이 엄청난 속도로 뛰는 것이었다. 마치 심장이 몸 밖으로 튀어나올 듯이 뛰면서 가슴이 심하게 답답해졌다. 원래 내가 머물던 기숙사의 전등은 밝았는데 갑자기 칠흑같이 어두워지더니 내 앞에서 10여 미터 정도 되는 곳에 귀신의 그림자가 왔다 갔다 하는 것이 보였다. 그때 어디서 그런 힘이 나왔는지는 모르겠지만 나는 조금도 두렵지 않았다. 계속해서 염불에 몰두하였다. 약 2분 정도 후에 금색 찬란한 모습이 나타났는데 당시의 장엄한 모습은 정말로 형용하기 어렵다. 그러자 시커먼 귀신의 그림자는 종적도 없이 사라지고, 내 오른쪽 위에서 금빛으로 찬란하게 빛나는 아미타부처님의 오른손을 내린 장엄한 모습이 보였다. 나는 예배를 올리지 않고 여전히 합장한 채로 염불을 계속했다. 염불소리에 따라 심장박동이 점점 정상으로 회복되는 것이 느껴졌다. 비몽사몽 속에서 기숙사의 전등은 여전히 밝게 빛나고 있고, 나는 합장한 채 입으로 염불하고 있는 것을 보았다.

이보다 더 불가사의한 일이 일어났다. 치질 때문에 대량으로 출혈이 생겼던 곳에 아무 약도 쓰지 않았는데 그 다음날 출혈이 멈추고, 심박수도 분당 80회 정도로 안정을 찾았다. 부처님의 가피로 죽음의 문턱에서 벗어나게 된 것이었다.

그 전까지만 해도 일심염불은 단지 극락왕생만을 위한 것인 줄로만 알았지 바로 지금 이 자리에 부처님의 대자대비가 미치지 않는 곳이 없음을 몰랐다. 일심으로 염불하는 사람이 큰 재난이나 병고를 만나게 되면 아미타부처님께서 그 소리를 듣고 감응하여 가피를 내려 액난에서 벗어나게 해 주실 것이다.

평상시에도 이러하니 임종에 이르러 일심으로 염불하면 당연히 아미타부처님의 영접을 받아 극락세계에 왕생할 수 있을 것이다. "염불법문은 만 명의 사람이 닦으면 만 명의 사람이 다 왕생하며, 만에 하나도 빠뜨리지 않는다"는 인광대사의 법문을 나는 지금 더 깊이 믿으며 의심하지 않는다.*

* 원영 굉오 저, 정원규 편역, 『염불, 모든 것을 이루는 힘』, 불광출판사, 2008.

병상의례의 실제

병상의례는 뚜렷한 형식이나 절차가 없습니다. 다만 다음에 소개하는 병상의례는 환자나 가족, 문병객들이 보편적으로 가장 많이 하는 형식이라 할 수 있습니다. 따라서 스님이나 여타의 의례 집례자는 이 의례에 매일 필요는 없습니다. 환자의 상황과 주변 여건에 따라 하되 가장 중요한 것은 환자의 마음을 다스리기 위한 기도면 된다는 것입니다.

• 먼저 환자를 방문하고 위로한 후, 환자의 주변을 깨끗이 정돈하고 향을 피웁니다. 환자의 건강 상태에 따라 향은 생략해도 됩니다.

병상의례 식순

① 삼귀의

②『반야심경』봉독

③ 수계

④ 법문 및 경전 독송

⑤ 염불

⑥ 병상 발원문

⑦ 사홍서원

■ 삼귀의

삼귀의란 부처님과 부처님께서 설한 진리, 그리고 그 진리를 실천하는 수행자인 스님들께 귀의하는 것을 말합니다. 이러한 귀의를 통해 우리는 삼보를 영원한 의지처로 삼아 믿고 의지하며 편히 머물 수 있습니다.

거룩한 부처님께 귀의합니다.
거룩한 가르침에 귀의합니다.
거룩한 스님들께 귀의합니다.

■『반야심경』 봉독

『반야심경』은 지혜의 완성을 뜻하는 반야바라밀다(般若波羅蜜多 prajāpāramitā) 계통 경전들의 정수를 뽑아놓은 극히 짧은 경입니다. 당나라 현장이 번역한 것으로 260자로 되어 있습니다.

마하반야바라밀다심경 (435자)

관자재보살이 깊은 반야바라밀다를 행할 때, 오온이 모두 공한 것을 비추어보고 온갖 괴로움과 재앙을 건지느니라.
사리자여! 색이 공과 다르지 않고 공이 색과 다르지 않으며, 색이 곧 공이요 공이 곧 색이니, 수·상·행·식도 그러하니라.

사리자여! 모든 법은 공하여 나지도 없어지지도 않으며, 더럽지도 깨끗하지도 않으며, 늘지도 줄지도 않느니라.

그러므로 공 가운데는 색·수·상·행·식도 없으며, 안·이·비·설·신·의도 없으며, 색·성·향·미·촉·법도 없으며, 눈의 경계도 의식의 경계까지도 없으며, 무명도 무명이 다함까지도 없으며, 늙고 죽음도 늙고 죽음이 다함까지도 없으며, 고·집·멸·도도 없으며, 지혜도 얻음도 없느니라.

얻을 것이 없는 까닭에 보살은 반야바라밀다를 의지하므로 마음에 걸림이 없고, 걸림이 없으므로 두려움이 없어서, 뒤바뀐 헛된 생각을 아주 떠나 완전한 열반에 들어가며, 삼세의 모든 부처님도 이 반야바라밀다를 의지하므로 아눗다라삼먁삼보리를 얻느니라.

반야바라밀다는 가장 신비하고 밝으며 위없는 주문이며 무엇과도 견줄 수 없는 주문이니, 온갖 괴로움을 없애고 진실하여 허망하지 않음을 알지니라. 이제 반야바라밀다주를 말하리라.

아제아제 바라아제 바라승아제 모지 사바하 (3번)

■수계

• 작은 불상을 모실 수 있으면 오색실로 환자(수계자)와 불상을 연결하고 수계의식을 합니다.

- 수계자의 건강 상태나 주변 상황에 따라 오계를 생략하고 삼귀의 계만 주어도 무방합니다.
- 수계를 받고 잘 지키겠다고 대답하는 대목에서 수계자의 건강 상태가 좋지 않을 경우 보호자가 대신 대답해도 무방합니다.

선계(宣戒, 수계 약속)

수계자는 편안한 마음으로 저의(계사) 말을 자세히 들으시기 바랍니다.

강을 건너려면 배에 의지해야 하고, 밤길을 가려고 하면 등불을 의지해야 하듯이 수계자가 앞으로 의지해야 할 것은 불·법·승 삼보입니다.

삼보란, 부처님과 부처님의 가르침과 거룩한 스님들을 말합니다.

수계자는 깊이 마음에 새기시어 한마음으로 불·법·승 삼보께
귀의하시기 바랍니다.
진실한 마음으로 저의(계사) 말을 따라 하십시오.

거룩하신 부처님께 귀의합니다.(계사)
거룩하신 부처님께 귀의합니다.(수계자나 수계자의 보호자)
거룩하신 가르침에 귀의합니다.(계사)
거룩하신 가르침에 귀의합니다.(수계자나 수계자의 보호자)
거룩하신 스님들께 귀의합니다.(계사)
거룩하신 스님들께 귀의합니다.(수계자나 수계자의 보호자)
이제 삼보께 귀의하셨으니, 다음은 불자가 지켜야 할 오계를
말씀드리겠습니다. 수계자는 자세히 들으시기 바랍니다.
오계는 부처님이 계시는 곳으로 이를 수 있는 훌륭한 사다리
와 같은 것입니다. 또한 오계를 수지하고 실천하면 그동안 쌓
인 업장은 녹고, 공덕이 늘어나 마침내는 부처가 되기도 합니
다. 수계자는 제가 설하는 계목을 잘 들으십시오.

첫 째, 살생하지 말라.
둘 째, 주지 않는 남의 것을 훔치지 말라.
셋 째, 사음하지 말라.
넷 째, 거짓말을 하지 말라.
다섯째, 술을 마시지 말라.

이상으로 오계에 대한 항목을 설해드렸습니다.

수계자는 제가 설한 오계를 받아 지녀서 잘 지키겠습니까?
"예, 잘 지키겠습니다."(수계자나 수계자의 보호자)
수계자는 제가 설한 오계를 받아 지녀서 잘 지키겠습니까?
"예, 잘 지키겠습니다."(수계자나 수계자의 보호자)
수계자는 제가 설한 오계를 받아 지녀서 잘 지키겠습니까?
"예, 잘 지키겠습니다."(수계자나 수계자의 보호자)

참회진언

대중은 다 함께 큰 소리로 참회진언을 외우고, 수계자는 남자는 왼
팔, 여자는 오른팔을 걷은 뒤 참회진언을 외면서 연비를 받습니다.
연비 자리는 힘줄이나 혈관을 피해야 합니다. 쑥으로 하는 연비일
경우 모두 타고나면 손가락으로 살짝 눌러 주어야 합니다. 상황에
따라 불을 붙이지 않은 향을 사용하여 연비를 해도 됩니다.

옴 살바 못자 모지 사다야 사바하 (3~108번)

이제 수계자에게 ○○라는 법명을 드리겠습니다.
이 시간 이후로 ○○(법명) 불자님은 부처님의 제자로 다시
태어나셨습니다.
제가 설해 드린 오계는 부처님의 증명 아래 제가(계사) 대신
하여 드린 것이니 잘 수지하고 실천하셔서 태어나는 곳마다
보살도를 이루시어 마침내는 부처님이 되시기 바랍니다.

나무 석가모니불

나무 석가모니불

나무 시아본사 석가모니불.

■ 법문 및 경전 독송

법문

법문은 수계자가 매우 아픈 환자이므로 간단하게 해야 합니다.
내용은 모든 것이 고정됨이 없이 변한다는 무상의 도리를 설해줌
으로써 수계자가 집착하는 마음을 내려놓고 마음의 안정을 찾을
수 있도록 합니다. 법문을 설하지 못할 경우 경전 독송 순서로 이
어가면 됩니다.

경전 독송

- 경전 독송은 마음을 내려놓거나 쉬게 하는 어느 경전이나 선택해
  서 할 수 있습니다. 여기에 걸맞는 「관세음보살보문품」, 「보왕삼
  매론」, 「법성게」 등은 부록에 실어 놓았으니 참고하기 바랍니다.
- 『아미타경』 독송은 환자의 극락왕생을 발원하여 바른 내세관을
  확립하는 의미도 있지만 『아미타경』 독송과 염불을 간절히 하면
  부처님을 친견하여 환자가 쾌유되기도 하고 업장 소멸의 가피도
  입게 됩니다. 이것을 충분히 환자나 가족들에게 인지시킨 후 『아
  미타경』 등을 독송합니다.

• 물리적으로 독송이 불가능하면 이와 관련한 CD나 녹음테이프를
들려주어도 좋습니다.

정구업진언(淨口業眞言, 구업을 청정케 하는 진언)

수리수리 마하수리 수수리 사바하 (3번)

오방내외안위제신진언(五方內外安慰諸神眞言, 오방내외에　신중을
모시는 진언)

나무 사만다 못다남 옴 도로도로 지미 사바하 (3번)

개경게(開經偈, 경전을 펴는 게송)

높고 깊은 부처님 법

만나 옵기 어렵건만

제가 이제 받아 지녀

참된 의미 깨치리라.

개법장진언(開法藏眞言, 법장을 여는 게송)

옴 아라남 아라다 (3번)

이상, 위에서 제시한 경전을 독송하시면 됩니다.

■ 염불

• 마음속으로 환자의 편안함을 기원하면서 염불합니다.

• 염불하는 대상은 평소에 하던 불보살님 명호를 부르며 염불하면
됩니다. 육자진언을 외울 수도 있습니다. 평소 하던 염불이 없으
면 관세음보살 염불이나 아미타불 염불을 합니다. 단 아미타불
을 염불할 때는 극락왕생을 빌 수 있지만 염불을 간절히 하면
부처님을 친견하여 쾌차하기도 하며 업장 소멸도 돕는다는 것을
확인시켜 주어야 합니다.

관세음보살 염불

나무 보문시현 원력홍심 대자대비 구고구난 관세음보살 관세
음보살…… (108번 내지 상황에 따라)

아미타불 염불

나무 서방대교주 무량수여래불 나무아미타불…… (108번 내지
상황에 따라)

육자진언

옴 마니 반메 훔 (108번 내지 상황에 따라)

■ 병상 발원문

중생의 고통을 어루만져 자비로써 구해주는 부처님.
저희에게 한량없는 가피주심에 감사드립니다.

지금 ○○○ 불자가(저는) 병고로 자리에 누워 있습니다.
병고에 시달리는 동안 자신을 돌아보며

부처님을 공경하는 마음 더욱 간절하옵니다.
다만 건강치 못한 몸이라
하늘을 훨훨 날고 싶은 뜻이 몸과 마음에 사무쳐 있으나
병마의 업연이 ○○○ 불자를(저를) 묶고 있사오니
부처님의 가피 내리시어 편안케 하소서.

병든 모든 이에게 훌륭한 의사가 되어 주시는 부처님!
○○○ 불자로 하여금(제가) 아픔을 떨치고 일어나
건강을 회복하고 활달한 생활인으로
행복한 삶을 살아갈 수 있도록 도움을 주옵소서.

그리고 설령 병상에서 일어날 수 없다면
부처님의 본원력으로 서방정토에 태어날 수 있도록
두 손 모아 간절히 발원하옵니다.
오늘 저희가 발원한 인연공덕으로
○○○ 불자의(제) 가족과 모든 중생들이
부처님의 대자대비 광명 속에서
생명의 실상을 증득하게 하여지이다.
나무 석가모니불
나무 석가모니불
나무 시아본사 석가모니불.

■ 사홍서원

사홍서원이란 네 가지 커다란 원을 말합니다. 원은 나 자신만의 욕심이 아닌 이웃과 더불어 나누면서 행복하게 잘 살자는 바람입니다. 이렇게 원을 발하면 그 원에 따라 반드시 이루어집니다. 아니, 이미 그것은 완성된 것이나 다름이 없습니다.

중생을 다 건지오리다.
번뇌를 다 끊으오리다.
법문을 다 배우오리다.
불도를 다 이루오리다.

약식 병상의례

• 환자의 상태에 따라 간략하게 삼귀의, 수계, 염불, 사홍서원의 식순만 해도 됩니다.
• 환자가 매우 고통스러워하거나 시간적 여유가 없을 때는 따스한 위로의 말과 염불만 해도 됩니다.

임종의례

임종과정의 이해와 절차
임종의례의 이해
임종의례의 실제

임종과정의 이해와 절차

임종의 과정

임종과정에 접어들면 신체적·정신적으로 일련의 변화가 진행됩니다. 신체적 변화는 몸을 이루는 요소들이 제 기능을 멈추고 각각의 요소로 돌아가려는 자연스러운 움직입니다. 정신적인 변화는 사람의 마음이 육체로부터 떠나가고, 주변의 환경 및 사람과 이별하는 과정으로 전개됩니다. 이러한 정신적인 과정 역시 거역할 수 없는 삶의 법칙입니다.

이러한 변화가 시작되면, 물론 이별이 슬프기는 하지만 그 사람의 몸과 마음이 대자연의 품으로 돌아가는 자연스러운 과정이라는 것을 알고 이에 대한 대응을 잘해주어야 합니다.

불교에서 바라볼 때 임종은 오온五蘊이 흩어지는 과정입니다. 오온이란 다섯 가지 인간을 이루는 요소로 신체적인 면과 정신적인 면으로 이루어져 있습니다. 신체를 형성하는 물질, 그리고 정신적 작용을 이루는 느낌, 지각, 행동 의지, 판단이 그 다섯 가지입니다.

임종에 따른 정신적·신체적 과정은 동시에 진행되기도 하고 그 두 가지가 시차를 달리하며 나타나기도 합니다. 다시 말해서 신체적으로 떠날 준비가 다 되었다 하더라도 정신적 준비가 그보다 덜 될 수도 있으며, 반대로 정신적으로 떠날 준비가 다 되었다 하더라도 신체적으로 생명이 더 지속될 수도 있다는 것입니다.

임종과정에서 전개되는 이러한 신체적·정신적 증상에 대해서 가족이나 호스피스 간병인들이 잘 알아둘 경우, 보내는 사람이나 떠나는 사람 모두 따스한 마음을 간직할 수 있을 것입니다. 아울러 환자들을 잘 이해하고 지지하며 배려하는 마음과 정성은 그 사람에게 베풀 수 있는 고귀하고 아름다운, 지상에서의 마지막 선물이 될 것입니다.

그래서 여기서는 임종과정에 나타나는 신체적·정신적 증상에 대해서 알려주어 아름다운 이별을 할 수 있도록 도움을 주고자 합니다. 다음에 언급하는 임종의 과정이 모든 환자들에게 한결같이 일어나는 현상은 아닙니다. 임종증상은 그 사람이 살아온 업과 환경에 따라 달리 전개될 수 있기 때문입니다.

■ 임종과정의 신체적 증상과 대응

임종에 직면한 환자는 여러 가지 신체적 증상을 보입니다. 이러한 신체적 증상을 보고 가족과 의료진들은 임종이 다가왔음을 확인하고 그에 따른 대응을 해주는 것이 바람직합니다. 임종에 따른 신체적 증상은 호흡곤란, 혈액순환 저하, 가래 끓는 소리, 배뇨 곤란, 식욕부진, 수면 시간 증가, 의사소통의 어려움, 경련과 신음 소리 등등으로 나타납니다.

불교에서 신체를 형성하는 것은 땅의 요소인 지地,

물의 요소인 수水, 불의 요소인 화火, 바람의 요소인 풍風, 네 가지입니다. 따라서 신체적인 임종과정은 이 네 가지 요소가 서서히 흩어지는 것으로 나타납니다.

먼저 바람의 요소인 호흡이 곤란해집니다. 정상적인 호흡에서 거친 호흡으로 바뀌는 것입니다. 호흡이 가빠지거나 깊어지는 과호흡 현상이 일어나고 숨을 멈추는 무호흡 상태가 발생합니다. 호흡이 가빠졌다가 멈추거나 길게 쉬는 것을 끊어질듯 반복하는 것이지요. 이것을 체인-스톡호흡이라고 합니다. 이렇게 호흡이 원활하지 못하기 때문에 환자는 고통스러워합니다. 이럴 때는 환자의 머리를 높여주고 편하게 배려해줍니다. 이러한 체인-스톡호흡이 반복되다가 숨을 들이쉬고는 내뱉지 못하면 임종하게 되는 것입니다.

그리고 임종의 때가 다가올수록 불의 요소가 빠져나가면서 몸이 점차 싸늘해집니다. 손과 발에서 시작해 점차 팔과 다리로 옮겨가며 체온이 식어가는 것입니다. 혈액순환이 원활하지 못한 결과 피부 색깔도

하얗게 혹은 푸르딩딩하게 변색됩니다. 오한을 느끼기도 합니다. 이럴 경우 환자의 몸을 따스하게 해 주는 것이 좋습니다.

물의 요소가 빠져나가면서 그렁그렁하며 가래 끓는 소리가 들립니다. 임종에 가까워질수록 이러한 가래 끓는 소리가 더 심해집니다. 이것은 수분 섭취가 적어지고 분비물을 기침으로 내보내는 능력이 저하되면서 생겨나는 현상입니다. 입 안도 바싹 말라 갑니다. 이럴 때는 수분 섭취를 도와주고 입가를 촉촉한 물수건이나 가제 등으로 적셔줍니다.

환자는 기력이 쇠잔해지고 근육의 힘이 약화되면서 대소변을 제대로 조절하거나 가리지 못합니다. 변의 양도 줄어들거나 소변을 잘 보지 못합니다. 이럴 경우 여러 가지 도뇨 방법을 잘 모색하며 청결하게 해 주어야 합니다. 그리고 힘이 없다보니 똑바로 누워 있기만 하고 몸을 잘 움직이지 못합니다. 이로 인하여 환자의 몸에 등창이나 욕창이 발생해 고통스럽습니다. 그래서 2~4시간 마다 체위를 변경해주는 등 환자의 몸 위치를 이리저리 옮겨줍니다.

땅의 요소는 딱딱한 것입니다. 임종에 접어들면 몸이 딱딱하게 굳어지며 완전히 굳으면 사망인 것입니다. 임종에 가까워질수록 몸이 바싹 마르고 윤기가 없어지기 때문에 환자의 몸을 부드럽게 풀어주는 것이 필요합니다.

또한 신진대사가 원활하지 못하고 뇌에 산소 공급이 원활하지 않은 결과 똑같은 동작을 되풀이하거나 안절부절하면서 몸을 뒤틀기도 합니다. 물론 이러한 현상은 정서적으로 안정되지 않아서 발생하는 경우도 많습니다. 이럴 때는 환자가 마음의 안정을 찾도록 명상음악이나 염불소리를 들려줍니다. 때로는 마음을 편안히 하는 경전을 읽어주어도 좋습니다. 환자의 손을 부드럽게 잡아주거나 안아주는 방법도 있습니다.

그리고 임종에 직면한 환자는 주변 사람을 잘 알아보지 못하고 착란과 혼돈에 빠집니다. 시간의 순서도 뒤틀려 기억하거나 잘 기억하지도 못합니다. 의식이 혼미해 지거나 소실되는 것이지요. 이럴 때도 역시 환자의 마음을 안정시켜 줍니다.

■ 임종과정의 정서적 · 정신적 증상과 대처 내용

임종 시 정신적인 작용으로 느낌, 지각, 의지와 판단력이 저하됩니다. 그래서 환자는 주변의 상황이나 자극, 움직임에 대해 무감각해지고 말수가 적어지며 사람들과 함께 이야기하기를 꺼려합니다. 이러한 환자의 태도는 모든 것들로부터 떠날 준비가 되어 있음을 보여주는 것입니다.

사람의 감각 중에서 마지막까지 제 기능을 유지하는 기관이 청각입니다. 따라서 가족이나 지인들은 환자의 의식이 혼미하고 그가 조용히 눈감고 있다고 하더라도 자신이 누구인지 말해주고 그가 편한 마음으로 저 세상으로 갈 수 있도록 도움을 주는 애기를 해주면 좋습니다.

환자는 종종 다른 사람에게 보이지 않는 현상이나 실제로는 이 세상에서 일어날 수 없는 상황을 목격했다고 이야기하기도 합니다. 이것 역시 그가 이 세상으로부터 떠나려 한다는 일종의 징후입니다.

또 다른 임종 징후로서 환자가 안절부절하거나 무언가를 자꾸 되풀이할 경우도 있습니다. 이러한 증상은 환자의 마음이 불안하다는 것을 말해주는데, 환자가 그렇게 불안해하는 이유는 생전에 해결하지 못한 일이나 미련과 집착이 남아 있기 때문입니다. 그런 것이 남아 있으면 환자가 편하게 저 세상으로 가지 못합니다. 그럴 경우 환자가 의식이 혼미해서 잘 인지하지 못할망정 평소 환자가 좋아하던 불경을 읽어주거나 들려주어 마음을 쉬게 하거나 지난 시절 행복했던 기억을 상기시켜 그의 짐을 가볍게 하거나 덜어주는 것이 좋습니다.

환자는 임종 직전에 주위에 한 사람 혹은 몇 사람만 자신과 함께 있어주길 원하는 경우도 있습니다. 이는 자신의 죽음을 맞이하는 데 누구와 함께 있는 것이 가장 편한지를 알려주는 것입니다. 혹여 당신이 환자가 함께 하고픈 사람 중에 포함되지 않는다고 해서 서운해 할 필요는 없습니다. 그것은 환자가 당신이 밉거나 소중하지 않아서 그런 것이 절대 아닙니다. 그럴 경우 다만 환자가 이제 떠나려 하는구나 하고 알아차리면 됩니다. 그리고 그를 위해 기도해 주십시오.

만일 당신이 환자가 함께하고 싶어 하는 사람이거
나 그중 한 사람이라면 그의 죽음 준비를 위한 최대
한의 노력을 기울이십시오. 그에겐 당신의 도움이
필요하기 때문입니다.

임종하는 사람은 더 살고 싶은 삶에 대한 미련, 하
지 못한 것에 대한 아쉬움과 후회, 자신을 알아주지
못하는 사람들에 대한 원망, 잘 살지 못하고 남에게
피해를 준 죄의식, 그리고 죽음에 대한 두려움이 남
아 있습니다. 그래서 가족이나 지인들은 그를 위해
죄의식을 씻어주는 참회와 염불 기도를 해주고 죽음
을 수용할 수 있도록 도움을 주어야 합니다. 그리고
죽음 뒤에 부처님 세상으로 가거나 더 좋은 세상으
로 갈 수 있다는 것을 얘기해줍니다. 집착을 여의고
다 놓고 갈 수 있도록 해줍니다.

환자가 떠날 준비가 되었고 가족 또한 그를 보낼
준비가 되었다면 이별의 인사를 해야 합니다. "편히
가세요", "극락왕생하세요", "좋은 세상으로 가세요"
라는 말이나 당신과 지냈던 지난 시절의 모든 날들
이 행복했고 아름다웠다는 말을 전합니다. 그리고

따스하게 손을 잡아주거나 부드럽게 안아줍니다. 이
는 당신이 환자에게 베풀 수 있는 마지막 최고의 선
물입니다. 이러한 과정은 이승에서 환자가 생애를
마감하고 자신의 육체는 물론 주변의 모든 것과 아
름답게 이별하도록 도와줍니다.

죽음을 사이에 둔 이별! 이제는 영영 보지 못하는
사랑하는 사람을 보내는 마당에 한 줄기 눈물이 주
르륵 흐를 것입니다. 이때의 눈물은 서로의 사랑을
확인하는 것이고 이별을 알리는 것이기 때문에 숨길
필요는 없습니다. 그러나 환자 곁에서 너무 서럽게
울거나 큰소리로 통곡하지는 마십시오. 그러면 환자
가 그것을 보고 안타까운 마음에 괴로워합니다. 떠
나는 그의 발길이 무겁습니다. 그러니 만약 도저히
참을 수 없어 눈물이 복받쳐 흐른다면 밖에 나가서
흐느껴 우는 것이 좋습니다.

임종 시 유의사항

환자가 임종증상을 보이며 임종과정에 들면 다음과

같은 점에 유의하여 환자를 보살펴야 합니다.

첫째, 환자가 머무는 실내는 밝고 깨끗하게 정리하고 조용한 분위기를 만듭니다. 어둡고 어수선하며 시끄러운 소리가 들리면 환자의 정신이 흩어지고 산만하여 두려움과 고통이 가중될 수 있습니다.

둘째, 환자가 혼자라는 생각을 하지 않고 가족들의 따뜻한 체온을 느낄 수 있도록 가까이 함께합니다.

셋째, 환자는 임종 중에도 듣는 능력과 생각하는 능력은 계속 유지됩니다. 따라서 진실한 말과 차분하고 부드러운 음성으로 위로하고 임종 중에 있음을 알려줍니다. 또한 망념과 번뇌에 사로잡히지 않도록 격려하고, 부처님의 원력으로 정토에 갈 수 있음을 확신시켜 줍니다.

넷째, 환자 곁에서 슬픔과 고통이 될 수 있는 행동과 말을 삼가야 합니다. 임종 중의 한 생각이 다음 생에 많은 영향을 준다는 것에 유념해야 합니다.

다섯째, 환자 곁에서 지나친 감정 표현은 자제하도록 합니다. 최후 일념에 집중하지 못하고 인연들에게 애착하는 마음, 탐착하는 마음을 낼 수 있기 때문에 애연한 말과 비통한 태도는 바람직하지 못합니다. 따라서 걸림 없는 마음으로 떠날 수 있도록 도와줍니다.

여섯째, 환자를 위해 안정된 목소리로 기도하며 환자와 함께 염불합니다. 기도와 염불을 통해 환자는 다음 생의 구원을 확신하며 아미타불의 원력에 절대 의지하게 되고 평정한 마음으로 염불 속에 죽음의 문턱을 넘어 부처님의 품에 안기게 됩니다.

일곱째, 임종 중에는 환자를 흔들거나 소리 내어 울지 말아야 합니다. 주변의 기운이 흩어져 환자가 혼란스러워하므로 조용하고 엄숙한 가운데 잔잔한 기도소리만 들을 수 있도록 배려합니다. 편안함과 사랑을 느끼며 한 생애를 정리하고 떠나도록 배려합니다.

여덟째, 순면으로 된 깨끗하고 편안한 옷으로 고운 색깔을 선택하여 입혀 드립니다. 몸은 깨끗이 씻겨 드리고 머리는 단정하게 손질해 드립니다.

아홉째, 임종 후 약 5~8시간 정도는 그 자리에 편안히 모십니다. 이는 정신이 육신을 빠져나갈 시간을 주는 것이며 임종 전후 10시간 정도의 지극한 돌봄이 그 어느 때보다 중요하고 소중합니다. 기도와 염불 속에서 사후세계에 첫발을 디딜 수 있도록 함께 계시는 모든 인연들은 최선을 다해야 합니다.[*]

■ 환자가 병원에서 임종할 때 주의사항

많은 환자들이 병원에서 투병하다가 임종을 맞이하는 게 현실입니다. 그밖에 노인요양원에서 임종을 맞이하기도 합니다. 그러다 보니 경험이 없는 가족들은 의사의 일방적 결정에 의지하기 십상입니다. 그러다 보면 인간의 존엄성과 개인 의사와는 관계없이 고통만 가중되는 현상도 일어나곤 합니다. 어떻게 하면 환자의 마지막 가는 길을 잘 돌볼 수 있을까요?

첫째, 무의미한 소생 치료는 하지 말아야 할 것입니다. 특히 심폐소생술을 행할 것인지 말 것인지가 문제입니다. 가족의 입장에서는 환자를 살려야 하기

---

[*] 능행 편저, 『환자를 위한 불교 기도집』, 불광출판사, 2002.
능행 스님의 말씀대로 임종 후 5~8시간 정도 자리를 옮기지 않는 것이 좋습니다만, 현실적으로 그렇게 하기는 어려운 형편입니다. 이에 대해서 앞으로 깊이 있는 연구가 필요합니다.

때문에 이에 대한 고민이 많은 것이 사실입니다. 심폐소생술은 말기암 환자나 더 이상 가망이 없는 사람의 경우, 그것을 시행할 경우 환자들에게 많은 고통을 안겨줍니다. 일시적으로 심장이 뛰게 한들 다시 멈춰버릴 것이며, 환자들이 받는 아픔은 너무나 큽니다. 또한 생명 연장을 위해 억지로 호스를 입에 물리면 물도 제대로 넘길 수 없고, 의사 표현도 불가능합니다. 환자가 많이 고통스러워하기 마련입니다. 따라서 의사가 '소생술을 시행하지 않겠다는 것'을 권유하면 이를 받아들이는 것이 좋습니다.

두 번째로 중환자실 입원에 관한 것입니다. 임종에 가까워졌을 때 중환자실 입원은 피해야 합니다. 물론 의사들도 더 이상 치료가 불가능하면 중환자실 입원을 권유하지 않지만, 간혹 중환자실 입원을 해야 하나 말아야 하나 갈등하게 됩니다. 치료에 진전이 있다면 모르지만, 임종이 가까워진다면 중환자실 입원은 바람직하지 않습니다. 현재도 중환자실에서 임종을 맞는 분들이 많습니다.

중환자실은 면회시간 외에 출입이 허용되지 않기

에 환자 홀로 죽어갈 수 있습니다. 아울러 중환자실 분위기는 매우 어둡고 침울해, 그것을 보는 환자의 마음이 편치 않고 두려움과 슬픔으로 고통이 가중될 수 있습니다. 따라서 더 이상 치료가 불가능하고 생명이 위독할 시 의사들과 상의해서 1인실이나 자택으로 모시는 것이 좋습니다.

이와 관련하여 무의미한 생명 연장을 한 번 더 생각해보고자 합니다. 먼저 무의미한 연명 치료와 생명 연장은 환자에게 심한 고통을 안겨줄 수 있다는 점을 명심하기 바랍니다. 환자들이 존엄하게 죽을 권리를 보장해 주어야 합니다. 환자 스스로 〈존엄한 죽음을 위한 선언서〉를 작성해 놓았던지, 더 이상 치료와 생명 연장에 의미가 없다면 존엄하게 죽음을 맞이할 수 있도록 해야 할 것입니다. 물론 그런 경우라도 고통 완화 치료는 계속되어야 하고 웰다잉Well-dying과 관련한 호스피스 활동도 지속되어야 합니다.

환자의 거처 준비와 장엄하기

환자가 죽음을 인지하게 되면 환자를 조용하고 산뜻한 곳으로 거처를 옮기고 장엄합니다. 여기서 말하는 죽음 인지는 환자의 가족이 아니라 환자 본인이 인지할 때입니다. 통상 환자 본인이 임종 사실을 인지하지 않은 상황에서 가족이나 임종봉사자가 임의로 거처를 옮길 경우, 환자는 자신의 임종을 간접적으로 인지하게 되어 배신감이나 극도의 혼란 등을 느낄 수 있습니다.

집에서 임종을 맞을 경우 별실이나 서재 등을 환자의 거처로 장엄하면 됩니다. 그리고 병원인 경우 중환자실이나 입원실에서 죽음을 맞이하는 경우가 많으므로 1인실 등으로 옮기는 것도 한 방법입니다.

대부분의 환자들은 친숙하고 편안한 곳에서 임종을 맞이하기를 원합니다. 전통적인 정서에서는 집 밖에서 임종하는 것을 객사라 하여 꺼려왔습니다. 따라서 집에서 임종을 맞이하는 것이 바람직하지만 현실적으로는 대부분 병원으로 옮기는 형편입니다. 집이든 병원이든 낯선 공간이 환자의 심리 상태를 보다 혼란스럽게 하거나 불안하게 할 수도 있기 때문에 환자가 편안하게 느낄 수 있도록 장엄하는 것이 중요합니다. 더불어 불상을 안치하거나 벽에 불화, 내영도, 탑다라니 등을 겁니다.

환자의 거처는 단순하되 깔끔하게 장엄하면 됩니다. 거처가 지나치게 넓다면 다라니 병풍으로 칸막이를 합니다. 그리고 환자의 가까운 곳(환자 머리를 중심으로 1~2m 범위 내)에 환자가 누워서도 대할 수 있도록 불상을 안치합니다. 불상은 아미타 삼존불을 안치하면 좋으나 평소 모셔두고 있는 불상이 있다면 이를 안치해도 됩니다. 또는 밝고 명확하게 그려져 있는 불화를 모셔도 좋습니다.

그리고 환자가 거처하는 곳과 물건들이 청결하게 유지되도록 합니다. 환자의 몸이나 옷 역시 청결하게 유지해야 환자가 기분 좋은 상태를 유지하고 마음이 평안할 수 있습니다. 가족이나 봉사자, 문병인 역시 마찬가지입니다.

주변을 정리한 다음에는 부처님 앞에 향을 피웁니다. 향을 피운 다음 불단 앞에 등이나 촛불을 켜서 밝게 합니다. 우중충하거나 어두우면 환자의 마음도 밝지 못합니다.

환자의 사망증상과 임종의례, 시다림 준비

환자의 사망증상을 알고 죽음 시점을 판단한다는 것은 결코 쉬운 일이 아닙니다. 현대의학에서는 죽음이 사건이 아니라 하나의 과정이라는 데 대개 일치된 견해를 보이고 있습니다. 시간의 장단이 있을 수 있지만 몇몇 증상들을 파악하면 사망 여부를 판단할 수 있습니다. 일반적인 사망증상을 들면 다음과 같습니다.

환자가 숨을 멈추는 듯하다가 몰아쉬며 체인-스톡 호흡을 하다가 긴 한숨을 내쉰 뒤 숨을 멈추어 버린다면 임종 여부를 살펴야 합니다. 작은 솜털이나 휴지 조각을 환자의 코밑에 대어보면 호흡 상태를 확인할 수 있습니다. 환자가 사망하면 호흡이나 맥박, 근육의 움직임도 정지하게 됩니다. 환자가 산소호흡기를 부착하고 있다면 이것을 뗀 상태에서 적어도 3분 이상 관찰한 결과 호흡이 없어야 합니다. 근육의 힘이 저하되어 괄약근이 풀리면 대소변이 나오기도 합니다. 자극에 대한 반응이 없으며 눈꺼풀은 약간 열려 있고 눈은 한곳에 고정된 채 동공이 열려 빛에 대한 반응이 없습니다. 전기뇌파의 움직임이 없고 평탄합니다. 이러한 조건들이 충족되면 환자는 사망에 이른 것입니다.

이때 중요한 것이 장례를 준비하는 일입니다. 장례 준비는 미리 건강할 때 해두는 것이 좋습니다. 자신의 의지와 선호에 따라 임종의례 방식, 집전 스님, 시다림 방식, 장법 등에 대한 계획을 세워놓으시면 유가족들이 경황 없이 우왕좌왕하거나 불필요한 비용 지출을 방지할 수 있습니다. 그러나 현실적으로 이를 미리 준비해두는 분은 그리 많지 않습니다. 당사자가 미리 준비해놓지 않았을 경우에는 환자의 병이 위중한 상태임이 확인되는 때부터 가족들이 장례 계획을 세워야 합니다.

부처님의 가피 아래 안락한 죽음을 맞이하려면 시다림을 해야 합니다. 시다림은 고인을 정토로 인도하는 성스러운 의례입니다. 이를 위해서 평소 아는 불자상조회나 염불봉사자와 미리 상담하는 것이 좋습니다. 상담 내용은 시다림을 치를 장소(장례식장·사찰·집 등), 운구 방법, 장법(화장·매장 등), 시신의 최종 안치 방식과 장소(자연장·산골·선산·공원묘지·봉안당·봉안묘 등), 개략적인 장례비용 등입니다.

임종의례의 이해

임종의례란 무엇인가?

임종의례란 임종에 임박한 환자나 임종한 고인에게 스님이나 불자가 부처님 가르침에 기반해 환자를 편안하게 하며, 그 사람이 이승을 떠나 정토에 이르도록 살아 있을 때 하는 최후의 불교의례입니다.

앞서의 병상의례가 의식이 있는 환자에게 죽음 또는 임종을 직접 언급하지 않는 가운데 무상 또는 생사불이라는 부처님의 가르침을 통해 평정심을 지니게 하는 것이라면, 임종의례란 표면적으로 의식이 없는 임종 직전 또는 직후의 환자를 타력에 의해 정토의 세계로 이끌고자 하는 일정한 형식을 갖춘 의례라 할 수 있습니다.

　　물론 환자가 자신의 임종을 의식하고 맞이하는 것
이 가장 이상적인 임종이라 하겠습니다. 임종 직전
까지는 삶에 집착하고 있었다 하더라도 임종 순간
결국 자신의 죽음을 수용하게 됩니다. 따라서 이 순
간에 가족이나 선지식 등 타력에 의해 부처님의 명
호를 듣는다면 환자는 극락에 이르게 될 것입니다.
이것이 바로 임종의례입니다.

임종의례는 왜 하는가?

표면적으로 의식이 거의 없거나 또는 전혀 없는 환
자에게 특별한 의식을 할 필요가 있는가 하는 의문
이 들 수 있습니다. 하지만 여러 경전에 이르기를 임
종과정에 있는 환자의 마음에 따라 정토로 가느냐
아니면 삼악도에 빠지느냐가 결정된다고 합니다. 따
라서 내생을 결정하고 받는 임종기는 환자에게 정토
행을 위한 아주 소중한 기회라 할 수 있습니다.
　　임종에 임박한 환자는 대부분 무의식 상태로 외부
에서 일어나는 것을 인식하지 못하는 것으로 알고

있습니다. 그러나 임종기의 많은 환자들은 비록 표현하지 못하지만 상당히 또렷한 의식을 가지고 있습니다. 따라서 적절한 의례를 통해 부처님의 가피를 발원하면 환자도 동일한 원을 발심하게 되어 정토로 향하게 됩니다.

임종의례는 언제 하는가?

임종의례는 죽음이 임박했을 경우나 그 이후에 합니다. 그러나 그 구체적인 시기는 상황에 따라 다르므로 한마디로 정하기는 어렵습니다. 다만 표면적으로 환자가 의식이 없거나 의식을 잃은 시기부터라 할 수 있습니다. 환자의 증상이 급격히 악화되어 무의식 상태에 이르거나 의사가 죽음이 임박했음을 고지할 때입니다. 통상 죽음에 임박해서 하지만 죽음의 징후가 나타나는 1~2일 전부터 할 수도 있습니다.

　임종의례를 언제까지 하느냐의 문제는 임종과정에 대한 불교적 해석과 임종 다음 의례인 시다림과 연계하여 판단해야 합니다. 불교에서의 죽음은 제8식

(생명의 뿌리가 담긴 심층의식)이 몸을 떠날 때로 봅니다. 이 제8식은 의학적 사망이 선고된 후 짧게는 20~30분에서 길게는 하루 동안 몸에 남아 있습니다.

또한 불교에서는 임종과정을 몸의 구성요소인 지수화풍이 흩어져 소멸하는 과정으로 설명합니다. 따라서 불교에서 바라보는 임종은 생물학적·의학적 죽음 그 이후의 상당 시간까지 연장됩니다.

결국 임종의례는 죽음이라는 특정한 사건을 기준으로 하루 이틀 전부터 환자가 임종한 후 입관 전까지 폭넓게 할 수 있는 의례입니다.

임종의례의 내용과 진행

임종의례를 위해서는 먼저 환자를 편안한 자세로 눕힌 뒤 가볍고 따뜻한 이불로 가슴 밑까지 덮어드립니다. 주변을 깨끗하게 정리 정돈하며, 향을 피운 다음 고요하고 평화로운 환경을 만듭니다. 환자의 육신을 만지거나 움직이지 않은 상태에서 의례를 행합니다. 이때 함께하는 가족이나 봉사자, 도반들은 모두 단정히 앉아서 의례에 동참합니다.

　오색번이 준비되어 있다면 본존의 왼쪽 집게손가락에 오색실을 걸어 환자의 오른쪽 집게손가락에 걸어 줍니다.

　임종의례를 할 때 주의할 것은 환자가 의식이 있는 최후의 순간과 임종 순간은 환자와 가족을 위한 시간으로 배려해야 한다는 것입니다. 가족이 아닌 타인이 임종의례 중이라면 이 순간엔 의례의 진행을 중단하고 가족이 임종을 지키도록 합니다.

　또 환자가 혼수상태에 빠지더라도 그의 의식은 우리가 알고 있는 것보다 더 또렷하게 외부에서 일어나는 일을 지각한다고 합니다. 따라서 임종 중인 환자를 만져서는 안 되며 가족들도 크게 울어서는 안 됩니다. 가족들의 울음이 지속되면 가족들을 환자와 분리시킬 필요가 있습니다. 그러나 임종 직후라면 가족이 자연스럽게 울 수 있도록 3~5분 간 배려합니다. 이 순간 스님은 보다 큰 목소리로 환자의 귀 가까이에 대고 아미타불을 염합니다. 광명진언을 염송해도 됩니다. 울음이 단시간 내에 그치지 않으면 가족을 다른 공간으로 격리한 후 의례를 진행합니다.

집례는 가급적 스님이 하되 상황이 급박할 경우 포교사나 경험 있는 가족, 지인 불자가 해도 무방합니다. 머리는 북쪽으로 향하게 하고 오른쪽으로 눕힙니다. 그러나 이러한 자세를 굳이 고집할 필요는 없습니다. 환자가 가장 편한 자세를 취할 수 있으면 됩니다.

환자가 전혀 의식이 없어 염불을 하거나 듣지 못할 경우에도 가족이나 봉사자들은 환자를 위해 염불이나 임종기도를 해주어야 합니다. 염불은 빠르지도 않고 느리지도 않게 환자의 호흡에 맞추어 하는 것이 좋습니다. '임종 무렵에 염불로 도와주는 것[臨終助念]은, 마치 겁 많은 사람이 산에 올라가면서 힘이 부쳐 헐떡거릴 때, 다행히 주위에 있던 착한 사람들이 앞에서 끌고 뒤에서 밀며 좌우에서 부축해 준 덕택으로 무사히 정상까지 이르는 것'이라는 인광대사의 말씀처럼, 염불기도는 환자의 정토 행에 크나큰 도움이 됨을 잊지 말아야 합니다.

스님은 고인을 정토로 인도하기 위해 가급적 임종을 맞이하는 환자의 귀 가까이에서 염불합니다. 맨 마지막까지 살아 있는 것이 청각이기 때문입니다. 의식이 끝나고 육체의 온기가 완전히 식을 때까지 가족은 염불을 지속합니다. 온기가 다 사라지면 (임종 수 시간 후) 몸을 깨끗이 닦은 후 가족은 아미타불을 연호하며 속옷과 가벼운 겉옷을 단정히 입혀 시신을 장례식장으로 모셔 갑니다.

시신이 비틀리어 굳어진 경우 광명진언을 독송하며 따뜻한 물수건으로 전신을 부드럽게 마사지하면 곧게 펴집니다. 이때 억지로 시신을 펴려 하면 아직 시신을 이탈하지 못한 의식이 고통과 분노를 느낄 수 있으므로 주의해야 합니다.

상황별 임종의례의 내용

환자가 불자이거나 자신의 죽음을 인지한 후 불제자가 되기 위해 이미 수계를 받았다 하더라도 몸과 마음을 맑히는 차원에서 임종의례 시엔 수계를 다시 받는 것이 좋습니다. 환자가 불제자가 되어 부처님의 가피 아래 임종을 맞고 정토행을 희망한다면 자신의 죽음을 인지한 후 한두 번 정도는 스님을 모셔와 임종의례를 하는 것이 좋습니다.

환자가 거처하는 장소가 환자나 환자 가족 이외의 사람들이 있어 의례를 하기 어려울 경우에는 참석한 스님이나 불자가 단지 염불만 해 주어도 효험이 큽니다. 그것도 여의치 못할 경우에는 환자 주변을 불상, 다라니 등으로 장엄하고 경전이나 염불 등의 독송 오디오를 들려주는 것도 좋은 방법입니다.

여러 상황이 의례를 하기에 부족하다 하더라도 결코 임종의례를 포기해서는 안 됩니다. 다른 것은 하지 않더라도 수계, 염불, 사홍서원은 하는 것이 좋습니다. 그 또한 여의치 못할 경우라도 일심 염불만은 어떠한 상황에서도 할 수 있습니다. 선도화상이 이르기를 '임종의 일념은 평생 백년의 행위보다 수승하다'고 하셨습니다. 따라서 어떠한 경우라도 임종을 지키는 가족이나 선지식, 도반, 봉사자들은 염불로 환자의 정토행을 기도해야 합니다.

임종의례는 어떤 효험이 있는가?

임종 시에 하는 염불의 원력을 보여주는 대표적인 체험담 하나를 소개하면 다음과 같습니다.

곽아장 거사는 금년(1995년) 음력 8월 26일 60세의 나이로 염불을 하면서 편안하게 세상을 떠났다. 그는 어릴 때부터 농사일에 힘쓰면서 살아왔다. 세상을 떠나기 3년 전부터는 농사를 그만두고 양어장만 경영하였다.

그는 위장이 나빠서 자주 고생했는데, 금년 들어 몸이 더욱 쇠약해졌다. 병원에 가서 진찰해 보니 위암 말기로 판명되었다. 8월에는 병세가 더욱 악화되었다. 배가 산처럼 부풀어 오르고 통증 때문에 고통이 심해서 2시간마다 진통제를 맞았다. 그런데 그는 자꾸 바다괴물이 보인다고 말하며 두려움에 떨었다. 그의 아내조차도 문 앞에 원귀들이 머리를 기웃기웃 들이미는 모습을 자주 보았다.

그러던 중 다행히 염불수행을 열심히 하는 스님을 뵙게 되었다. 스님은 고통과 두려움에 떠는 그에게 아미타불 염불을 권했다. 하늘이 준 수명이 아직 다하지 않았다면 조속히 회복될 것이고, 만약 명이 다했다면 아미타부처님의 영접을 받으며 극락정토에 왕생할 것이라고 하였다. 이 말을 들은 곽거사는 매우 기뻐하며, 염주를 돌리며 진심으로 아미타불 명호를 염하기 시작했다. 가족들도 모두 그를 도와서 조념염불을 했다.

염불을 시작한 뒤 암으로 인한 통증이 많이 줄어들어서 진통제 주사도 하루에 2번으로 줄어들었다. 그리고 물고기 형상을 한 바다괴물들의 모습이 더 이상 보이지 않게 되었고 마음도 많이 안정되었다. 닷새 정도 지나고 나서는 침대에서 가볍게 내려와 식사를 하기도 하였다.

그의 방 한쪽 벽에는 세 분의 불보살상을 모시고 있었는데, 극락세계를 위호하시는 아미타불, 관세음보살, 대세지보살의 상이었다. 그런데 그 세 불보살상이 빛을 발하는 것을 보고는 자신이 인간세계를 떠날 때가 다가온 것을 알았다. 그는 침대에 꿇어앉아 합장 자세를 취했는데, 일생 동안 한 번도 이러한 자세를 한 적이 없었다. 합장한 채 염불을 하는 그의 얼굴에는 점차 편안한 미소가 번졌다. 그렇게 평안하게 극락정토에 왕생한 것이다.

숨을 거둔 지 8시간 정도 지나고 나서 몸의 온기가 식었지만 머리 위 백회에는 따뜻한 온기가 남아 있었다. 불룩하게 부풀어 올랐던 배도 쑥 들어갔다. 염을 하기 위해서 목욕시키고 옷을 갈아입힐 때 온몸의 관절이 부드럽게 움직였다. 얼굴은 마치 살아 있는 듯하였다.

이런 상서를 보인 것은 곽거사가 극락정토에 왕생했다는 증거이다. 장례를 치르고 한 달이 지났을 무렵, 온 가족들의 꿈에 그가 나타났다. 평안하기 그지없는 모습으로 가족을 만나러 온 그의 뒤에는 서방 극락세계를 위호하시는 세 분 불보살님이 계셨다.*

* 원영 굉오 저, 정원규 편역, 『염불, 모든 것을 이루는 힘』, 불광출판사, 2008.

임종의례의 실제

임종의례는 집전할 스님을 모시는 등 여건이 갖추어졌다면 임종의례의 식순에 따르는 것이 좋습니다. 그러나 굳이 여건이 되지 않는다면 상황에 따라 다양하게 할 수 있습니다. 임종 상황이 급박하거나 가족들이 슬픔이나 충격에 싸여 의례를 진행할 수 없는 상황이라면 임종염불만으로도 족합니다.

• 먼저 임종환자를 방문하고 위로한 후, 환자의 주변을 깨끗이 정돈하고, 향을 피웁니다. 환자의 건강 상태에 따라 향은 생략해도 됩니다.

임종의례 식순

① 삼귀의
② 『반야심경』 봉독
③ 수계
 (임종 이후에 임종의례를 진행할 시, 수계식 다음에 「무상계」를 독송한다)
④ 법문 및 경전 독송
⑤ 염불
⑥ 극락세계 발원문
⑦ 사홍서원

■ 삼귀의

삼귀의란 부처님과 부처님께서 설한 진리, 그리고 그 진리를 실천하는 수행자인 스님들께 귀의하는 것을 말합니다. 이러한 귀의를 통해 우리는 삼보를 영원한 의지처로 삼아 믿고 의지하며 편히 머물 수 있습니다.

거룩한 부처님께 귀의합니다.
거룩한 가르침에 귀의합니다.
거룩한 스님들께 귀의합니다.

■ 『반야심경』 봉독

『반야심경』은 지혜의 완성을 뜻하는 반야바라밀다(般若波羅蜜多 prajāpāramitā) 계통 경전들의 정수를 뽑아놓은 극히 짧은 경으로, 당나라 현장이 번역한 것으로 260자로 되어 있습니다.

마하반야바라밀다심경 (435자)

관자재보살이 깊은 반야바라밀다를 행할 때, 오온이 모두 공한 것을 비추어보고 온갖 괴로움과 재앙을 건지느니라.
사리자여! 색이 공과 다르지 않고 공이 색과 다르지 않으며, 색이 곧 공이요 공이 곧 색이니, 수·상·행·식도 그러하니라.

사리자여! 모든 법은 공하여 나지도 없어지지도 않으며, 더럽
지도 깨끗하지도 않으며, 늘지도 줄지도 않느니라.

그러므로 공 가운데는 색·수·상·행·식도 없으며, 안·
이·비·설·신·의도 없으며, 색·성·향·미·촉·법도 없
으며, 눈의 경계도 의식의 경계까지도 없으며, 무명도 무명이
다함까지도 없으며, 늙고 죽음도 늙고 죽음이 다함까지도 없
으며, 고·집·멸·도도 없으며, 지혜도 얻음도 없느니라.

얻을 것이 없는 까닭에 보살은 반야바라밀다를 의지하므로 마
음에 걸림이 없고, 걸림이 없으므로 두려움이 없어서, 뒤바뀐
헛된 생각을 아주 떠나 완전한 열반에 들어가며, 삼세의 모든
부처님도 이 반야바라밀다를 의지하므로 아눗다라삼먁삼보리
를 얻느니라.

반야바라밀다는 가장 신비하고 밝으며 위없는 주문이며 무엇
과도 견줄 수 없는 주문이니, 온갖 괴로움을 없애고 진실하여
허망하지 않음을 알지니라. 이제 반야바라밀다주를 말하리라.

아제아제 바라아제 바라승아제 모지 사바하 (3번)

■ 수계

• 작은 불상을 모실 수 있으면 오색실로 환자(수계자)와 불상을 연
  결하고 수계의식을 합니다.

하고 수계의식을 합니다.

- 수계자의 건강 상태나 주변 상황에 따라 오계를 생략하고 삼귀의계만 주어도 무방합니다.
- 수계를 받고 잘 지키겠다고 대답하는 대목에서 수계자의 건강 상태가 좋지 않을 경우 보호자가 대신 대답해도 무방합니다.

선계(宣戒, 수계 약속)

수계자는 편안한 마음으로 저의(계사) 말을 자세히 들으시기 바랍니다.

강을 건너려면 배에 의지해야 하고, 밤길을 가려고 하면 등불을 의지해야 하듯이 수계자가 앞으로 의지해야 할 것은 불·법·승 삼보입니다.

삼보란, 부처님과 부처님의 가르침과 거룩한 스님들을 말합니

다. 수계자는 깊이 마음에 새기시어 한마음으로 불·법·승 삼
보께 귀의하시기 바랍니다.
진실한 마음으로 저의(계사) 말을 따라 하십시오.

거룩하신 부처님께 귀의합니다.(계사)
거룩하신 부처님께 귀의합니다.(수계자나 수계자의 보호자)
거룩하신 가르침에 귀의합니다.(계사)
거룩하신 가르침에 귀의합니다.(수계자나 수계자의 보호자)
거룩하신 스님들께 귀의합니다.(계사)
거룩하신 스님들께 귀의합니다.(수계자나 수계자의 보호자)

이제 삼보께 귀의하셨으니, 다음은 불자가 지켜야 할 오계를
말씀드리겠습니다. 수계자는 자세히 들으시기 바랍니다.
오계는 부처님이 계시는 곳으로 이를 수 있는 훌륭한 사다리
와 같은 것입니다. 또한 오계를 수지하고 실천하면 그동안 쌓
인 업장은 녹고, 공덕이 늘어나 마침내는 부처가 되기도 합니
다. 수계자는 제가 설하는 계목을 잘 들으십시오.

첫 째, 살생하지 말라.
둘 째, 주지 않는 남의 것을 훔치지 말라.
셋 째, 사음하지 말라.
넷 째, 거짓말을 하지 말라.
다섯째, 술을 마시지 말라.

이상으로 오계에 대한 항목을 설해드렸습니다.

수계자는 제가 설한 오계를 받아 지녀서 잘 지키겠습니까?

"예, 잘 지키겠습니다."(수계자나 수계자의 보호자)

수계자는 제가 설한 오계를 받아 지녀서 잘 지키겠습니까?

"예, 잘 지키겠습니다."(수계자나 수계자의 보호자)

수계자는 제가 설한 오계를 받아 지녀서 잘 지키겠습니까?

"예, 잘 지키겠습니다."(수계자나 수계자의 보호자)

참회진언

대중은 다 함께 큰 소리로 참회진언을 외우고, 수계자는 남자는 왼팔, 여자는 오른팔을 걷은 뒤 참회진언을 외면서 연비를 받습니다. 연비 자리는 힘줄이나 혈관을 피해야 합니다. 쑥으로 하는 연비일 경우 모두 타고나면 손가락으로 살짝 눌러 주어야 합니다. 상황에 따라 불을 붙이지 않은 향을 사용하여 연비를 해도 됩니다.

옴 살바 못자 모지 사다야 사바하 (3~108번)

이제 수계자에게 ○○라는 법명을 드리겠습니다.

이 시간 이후로 ○○(법명) 불자님은 부처님의 제자로 다시 태어나셨습니다.

제가 설해 드린 오계는 부처님의 증명 아래 제가(계사) 대신하여 드린 것이니 잘 수지하고 실천하셔서 태어나는 곳마다

보살도를 이루시어 마침내는 부처님이 되시기 바랍니다.

나무 석가모니불
나무 석가모니불
나무 시아본사 석가모니불.

■ 법문 및 경전 독송

법문

- 법문은 10분 이내로 간략하게 합니다.
- 법문 내용은 생사윤회, 인과의 도리를 밝혀주며 환자의 극락왕
  생을 발원하는 내용으로 합니다. 아미타 염불을 일심으로 하면
  정토에 가서 태어날 수 있다는 확신을 심어줍니다.
- 법문을 할 수 없는 경우에는 생략하고 경전 독송을 해도 됩니다.
- 경전 독송은 『아미타경』 독송을 원칙으로 합니다. 상황에 따라
  부록에 수록된 경전 중 골라서 해도 되며 독송용 오디오를 틀어
  도 됩니다.

경전 독송

『아미타경』은 아미타불의 본원력本願力으로 이루어진 극락세계의
장엄을 설명하고 있습니다. 그곳에는 수명壽命과 광명光明이 무량한
무량수불無量壽佛, 즉 아미타불이 상주하며 설법하고 있습니다. 이

러한 극락세계에 왕생하고자 하면 아미타불의 이름을 일심으로 외우는 칭명염불稱名念佛로도 가능합니다.

정구업진언(淨口業眞言, 구업을 청정케 하는 진언)
수리수리 마하수리 수수리 사바하 (3번)

오방내외안위제신진언(五方內外安慰諸神眞言,　오방내외에　신중을
모시는 진언)
나무 사만다 못다남 옴 도로도로 지미 사바하 (3번)

개경게(開經偈, 경전을 펴는 게송)
높고 깊은 부처님 법
만나 옵기 어렵건만
제가 이제 받아 지녀
참된 의미 깨치리라.

개법장진언(開法藏眞言, 법장을 여는 게송)
옴 아라남 아라다 (3번)

우리말 아미타경
이와 같이 내가 들었다.
어느 때 부처님께서 사위국舍衛國 기수급고독원祇樹給孤獨園에
계시었다. 그때 천이백오십 인이나 되는 큰 비구들과 함께 계
시었는데, 그들은 모두 덕이 높은 큰 아라한으로 여러 사람들

이 잘 아는 이들이었다. 즉 장로 사리불舍利弗, 마하목건련摩訶目乾連, 마하가섭摩訶迦葉, 마하가전연摩訶迦旃延, 마하구치라摩訶俱絺羅, 리바다離婆多, 주리반타가周梨槃陀伽, 난타難陀, 아난타阿難陀, 라후라羅睺羅, 교범바제憍梵波提, 빈두로파라타賓頭盧頗羅墮, 가루타이迦留陀夷, 마하겁빈나摩訶劫賓那, 박구라薄拘羅, 아누루타阿㝹樓陀와 같은 큰 제자들이었다. 이 밖에 보살 마하살과 문수사리법왕자文殊師利法王子를 비롯하여 아일다보살阿逸多菩薩, 건타하제보살乾陀訶提菩薩, 상정진보살常精進菩薩 등 큰 보살과 석제환인釋提桓因 등 수많은 천인들도 자리를 같이 했었다.

그때 부처님께서 장로 사리불에게 말씀하시기를,

"여기에서 서쪽으로 10만억 불국토를 지나서 극락이라고 하는 세계가 있느니라. 거기에는 아미타불이 계시어 지금도 법을 설하시느니라. 사리불이여, 그 세계를 어째서 극락이라고 하는가 하면, 그 나라의 중생들은 아무런 괴로움도 없고, 다만 모든 즐거운 일만 받으므로 극락이라고 하느니라. 또한 사리불이여, 극락국토에는 일곱 겹으로 된 난간과 일곱 겹으로 된 나망羅網과 일곱 겹으로 된 가루수가 줄지어 있는데, 모두 네 가지 보배로 이루어져 온 나라에 두루 하기 때문에 극락이라고 하느니라.

사리불이여, 극락국토에는 칠보七寶로 된 연못이 있는데, 그 가운데에는 어덟 가지 공덕을 갖춘 팔공덕수八功德水로 가득하느니라. 연못 바닥에는 순전히 금모래가 깔려 있고, 연못 둘

레에 있는 사방의 계단은 금, 은, 유리, 파려 등으로 되어 있느니라. 또 그 위에는 누각이 있는데, 금, 은, 유리, 파려, 자거, 적진주, 마노 등으로 장엄하게 꾸며져 있느니라. 연못 속에는 수레바퀴 만한 연꽃이 피어 있는데, 푸른 연꽃에는 푸른 광채가 나며, 노란 연꽃에는 노란 광채가 나며, 붉은 연꽃에는 붉은 광채가 나고, 흰 연꽃에는 흰 광채가 나는데, 미묘하고 향기롭고 정결하느니라. 사리불이여, 극락국토에는 이와 같은 공덕장엄으로 이루어져 있느니라.

사리불이여, 저 불국토에는 항상 천상의 음악이 연주되고, 대지는 황금으로 이루어졌으며, 밤낮 여섯 차례에 걸쳐서 만다라화 꽃비가 내리느니라. 그 나라의 중생들은 항상 이른 아침마다 여러 가지 아름다운 꽃을 바구니에 담아 가지고, 다른 세계로 다니면서 10만억 부처님께 공양하고 조반 전에 돌아와서 식사를 마치고 산책하느니라. 사리불이여, 극락세계는 이와 같은 공덕장엄으로 이루어졌느니라.

그리고 사리불이여, 그 나라에는 항상 아름답고 기묘한 여러 가지 빛깔을 가진 새들이 있는데, 백학, 공작, 앵무새, 사리새, 가릉빈가, 공명조 등이 밤낮을 가리지 않고 항상 화평하고 맑은 소리로 노래하느니라. 이 소리는 오근과 오력과 칠보리분과 팔정도를 설하느니라. 그 나라 중생들은 이 소리를 듣고 나서 모두 부처님을 생각하고[念佛], 가르침을 생각하며[念法], 스님들을 생각하느니라[念僧].

사리불이여, 그대는 이 새들이 실제로 죄업의 과보로써 생긴

것이라고는 생각하지 말아라. 왜냐하면, 그 불국토에는 삼악
도三惡道가 없기 때문이니라.

사리불이여, 그 불국토에는 삼악도라고 하는 이름조차도 없는
데, 어찌 삼악도가 실지로 있겠느냐? 이와 같은 새들은 모두가
아미타불께서 법문을 널리 베풀고자 하여 화현으로 이루어진
것이니라.

사리불이여, 그 불국토에는 미풍이 불면 모든 보석으로 장식
된 가로수와 나망에서 미묘한 소리가 나는데, 그것은 마치 백
천 가지 악기로 합주하는 듯 하느니라. 그 소리를 듣는 사람
은 모두 부처님을 생각하고, 가르침을 생각하며, 스님들을 생
각할 마음이 저절로 우러나느니라. 사리불이여, 극락세계는
이와 같은 공덕장엄으로 이루어졌느니라.

사리불이여, 그대는 저 부처님을 어째서 아미타불이라고 하는
줄 아는가?

사리불이여, 그 부처님의 광명이 한량없어 시방세계를 두루
비추어도 조금도 걸림이 없기 때문에 그 이름을 아미타불이라
고 하느니라. 또한 사리불이여, 그 부처님의 수명과 그 나라
인민들의 수명이 한량없고 끝이 없는 아승지겁이므로 그 이름
을 아미타불이라고 하느니라. 사리불이여, 아미타불이 성불한
지는 이미 10겁이 지났느니라.

사리불이며, 그 부처님에게는 헤아릴 수 없이 많은 성문聲聞
제자들이 있는데, 모두 아라한들이니라. 그들의 숫자는 어떠
한 산수로도 능히 알지 못하며, 보살 대중의 수도 또한 그러

하느니라. 사리불이여, 극락세계는 이와 같은 공덕장엄으로 이루어졌느니라.

또한 사리불이여, 극락세계에 태어나는 중생들은 모두 불퇴전의 아비발치阿鞞跋致를 성취하였으며, 그 가운데는 많은 사람들이 일생보처一生補處에 이르렀는데, 그 수효가 매우 많아 능히 산수로도 알 수 없으며, 다만 무량무변 아승지로 표현할 수밖에 없느니라.

사리불이여, 이 말을 들은 중생들은 마땅히 서원을 세워 저 나라에 가서 나기를 발원해야 할 것이니라. 왜냐하면 거기 가면 그와 같이 으뜸가는 사람들과 한데 모여 살 수 있기 때문이니라.

사리불이여, 조그마한 선근이나 복덕의 인연으로는 저 세계에 가서 날 수 없느니라.

사리불이여, 만약 선남자 선여인이 아미타불에 대한 설법을 듣고, 그 명호를 굳게 지니어 하루나 이틀 혹은 사흘, 나흘, 닷새, 엿새, 이레 동안 한결같은 마음으로 흐트러지지 아니하면, 그 사람이 임종할 때에 아미타불이 여러 성중들과 함께 그 사람 앞에 나타날 것이니라. 그 사람이 목숨을 마칠 때에 마음이 뒤바뀌지 않고 바로 아미타불의 극락국토에 왕생하게 될 것이니라.

사리불이여, 나는 이와 같은 이익을 알기 때문에 이러한 말을 하는 것이니, 만약 어떤 중생이든 이 말을 들으면, 마땅히 저 국토에 가서 나기를 발원해야 하느니라.

사리불이여, 내가 지금 아미타불의 불가사의한 공덕을 찬탄한 것처럼, 동방에도 아촉비불, 수미상불, 대수미불, 수미광불, 묘음불이 계시느니라. 이러한 수 없는 부처님들이 각기 그 세계에서 광장설상廣長舌相으로 두루 삼천대천세계에 미치도록 법을 설하시느니라. '너희 중생들은 마땅히 불가사의한 공덕을 칭찬하시고, 모든 부처님이 호념하시는 이 경을 믿어라'고 하시느니라.

사리불이여, 남방세계에는 일월등불, 명문광불, 대염견불, 수미등불, 무량정진불이 계시느니라. 이러한 수 없는 부처님들이 각기 그 세계에서 광장설상으로 두루 삼천대천세계에 미치도록 법을 설하시느니라. '너희 중생들은 마땅히 불가사의한 공덕을 칭찬하시고, 모든 부처님이 호념하시는 이 경을 믿어라'고 하시느니라.

사리불이여, 서방세계에 있는 무량수불, 무량상불, 무량당불, 대광불, 대명불, 보상불, 정광불이 계시느니라. 이러한 수 없는 부처님들이 각기 그 세계에서 광장설상으로 두루 삼천대천세계에 미치도록 법을 설하시느니라. '너희 중생들은 마땅히 불가사의한 공덕을 칭찬하시고, 모든 부처님이 호념하시는 이 경을 믿어라'고 하시느니라.

사리불이여, 북방세계에는 염견불, 최승음불, 난저불, 일생불, 망명불이 계시느니라. 이러한 수 없는 부처님들이 각기 그 세계에서 광장설상으로 두루 삼천대천세계에 미치도록 법을 설하시느니라. '너희 중생들은 마땅히 불가사의한 공덕을 칭찬하시고, 모든 부처님이 호념하시는 이 경을 믿어라'고 하시느 니라.

사리불이여, 하방세계에 있는 사자불, 명문불, 명광불, 달마불, 법당불, 지법불이 계시느니라. 이러한 수 없는 부처님들이 각기 그 세계에서 광장설상으로 두루 삼천대천세계에 미치도록 법을 설하시느니라. '너희 중생들은 마땅히 불가사의한 공덕을 칭찬하시고, 모든 부처님이 호념하시는 이 경을 믿어라'고 하시느니라.

사리불이여, 상방세계에 범음불, 숙왕불, 향상불, 향광불, 대염견불, 잡색보화엄신불, 사라수왕불, 보화덕불, 견일체의불, 여수미산불이 계시느니라. 이러한 수 없는 부처님들이 각기 그 세계에서 광장설상으로 두루 삼천대천세계에 미치도록 법을 설하시느니라. '너희 중생들은 마땅히 불가사의한 공덕을 칭찬하시고, 모든 부처님이 호념하시는 이 경을 믿어라'고 하시느니라.

사리불이여, 어찌하여 이 경을 '모든 부처님께서 호념하시는 경'이라고 하는 줄 아는가?

사리불이여, 만약 선남자 선여인이 이 경을 듣고 받아 지니거나 혹은 제불의 명호를 들은 이와 같은 사람들은 모든 부처님께서 호념하시어 모두가 아눗다라샴막삼보리에서 물러나지 않을 것이니라. 그러므로 사리불이여, 그대들은 마땅히 모두 내 말과 여러 부처님의 말씀을 믿어야 하느니라.

사리불이여, 만약 어떤 사람이 아미타불의 세계에 가서 나기를, 이미 발원하였거나 지금 발원하거나 혹은 장차 발원하는 모든 사람들은 아눗다라삼먁삼보리에서 물러서지 않는 지위를 얻을 것이며, 그 국토에 이미 났거나 지금 나거나 혹은 장차 날 것이니라.

그러므로 사리불이여, 모든 선남자 선여인들로서 믿음이 있는 사람은 마땅히 저 국토에 태어나기를 발원해야 하느니라.

사리불이여, 내가 지금 여러 부처님들의 불가사의한 공덕을 칭찬하듯이 저 부처님들도 또한 나의 불가사의한 공덕을 칭찬하시기를, '석가모니부처님께서 참으로 어렵고 희유한 일을 능히 하셨도다. 시대가 흐리고[劫濁], 견해가 흐리고[見濁], 번뇌가 흐리고[煩惱濁], 중생이 흐리고[衆生濁], 수명이 흐린[命濁] 사바세계의 오탁악세五濁惡世에서 능히 아눗다라삼먁삼보리를 얻고, 모든 중생들을 위해 일체 세간 사람들이 믿기 어려운 법을 설하셨다'고 하시느니라.

사리불이여, 마땅히 알아야 하느니라. 내가 이 오탁악세에서 갖은 고행 끝에 아눗다라삼먁삼보리를 얻고, 일체 세간 사람들을 위해 이와 같이 믿기 어려운 법을 설하는 것은 매우 어려운 일이니라."

부처님께서 이 경을 설하여 마치시니, 사리불을 비롯한 모든 비구들과 일체 세간의 천인들과 사람들과 아수라 등이 부처님의 말씀을 듣고, 기쁜 마음으로 믿고 받아 지니면서 예배하고 물러갔다.

■ 염불

아미타불 염불을 합니다. 마음속으로 환자의 극락왕생을 기원하면서 아미타부처님의 명호를 부릅니다. 또는 광명진언을 외워도 좋습니다.

아미타불 정근

나무 서방대교주 무량수여래불 나무아미타불…… (108번 내지 상황에 따라)

광명진언

옴 아모가 바이로차나 마하 무드라 마니 파드마 즈바라 프라 바를타야 훔 (108번 내지 상황에 따라)

■ 극락세계 발원문

○○○는 극락세계에 계시오며 중생을 이끌어주시는 아미타불께 귀의하옵고, 그 세계에 가서 나기를 발원하옵나니 자비하신 원력으로 굽어 살펴 주시옵소서. 저희들이 네 가지 은혜 끼친 이와 삼계 중생들을 위하여 부처님의 위없는 도를 이룩하려는 정성으로 아미타불의 거룩하신 명호를 일컬어 극락세계에 가서 나기를 원하옵니다.

업장은 두텁고 복과 지혜는 엷어서 마음이 더러움에 물들기

쉽고 깨끗한 공덕 이루기 어려워 이제 부처님 전에 지극한 정
성으로 예배하고 참회하나이다. ○○○가 끝없는 옛적부터 오
늘에 이르도록 몸과 입과 또 마음으로 한량없이 지은 죄와 한
량없이 맺은 원수 모두 녹여버리고 오늘부터 서원 세워 나쁜
짓 멀리하여 다시 짓지 아니하고 보살도 항상 닦아 물러나지
아니하여 바른 깨달음을 이루어서 중생을 제도하려 하옵나니,
아미타부처님이시여! 대자대비하신 원력으로 저를 증명하시
고, 저를 어여삐 여기시며, 가피加被를 주시어 삼매에서나 꿈
속에서나 아미타불의 거룩하신 상호를 뵈옵고 아미타불께서
장엄하신 국토에 다니면서 아미타불의 감로甘露를 뿌려주시
고, 광명으로 비춰주시며 손으로 만져주시고, 옷으로 덮어주
심 입어 업장은 소멸되고, 선근善根은 자라나며, 번뇌는 없어
지고, 무명無明은 깨어져서 원각圓覺의 묘한 마음 두렷하게 열
리옵고, 상적광토常寂光土가 항상 앞에 나타나지이다.
또한 이 목숨 마치올 때 갈 시간 미리 알아, 여러 가지 병고
액난 이 몸에 없어지고 탐진치貪瞋痴 온갖 번뇌 씻은 듯이 사
라지며, 육근六根이 화락하고, 한 생각 분명하여 이 몸을 버리
기를 선정에 들 듯하게 하소서. 그때 아미타불께서 관음·세지
두 보살과 모든 성중聖衆 거느리시고 광명 놓아 맞으시며 대
자대비로 이끄시사 높고 넓은 누각들과 아름다운 깃발들과 맑
은 향기, 고운 풍류, 거룩하온 극락세계 눈앞에 분명커든 보는
이, 듣는 이들, 기쁘고 감격하여 위없는 보리심 다 같이 발하
올 때 이내 몸 고이고이 금강대에 올라앉아 부처님 뒤를 따라

극락정토 나아가서 칠보로 된 연못 속에 상품상생 하온 뒤에
불보살 뵈옵거든 미묘한 법문 듣고 무생법인 깨치오며 부처님
섬기옵고 수기를 친히 받아 삼신, 사지와 오안 육통과 백천
다라니와 온갖 공덕을 원만히 이루어지이다.

그리한 후 극락세계를 떠나지 아니하고 사바세계에 다시 돌아
와 한량없는 분신으로 시방 국토 다니면서 여러 가지 신통력
과 갖가지 방편으로 무량중생 제도하여 탐진치 삼독三毒을 여
의옵고 깨끗한 참 맘으로 극락세계 함께 가서 물러나지 않는
자리에 오르게 하려 하옵니다. 세계가 끝이 없고, 중생이 끝이
없고, 번뇌 업장이 모두 끝이 없기에 이내 서원도 끝이 없나
이다. ○○○지금 예배하고 발원하여 닦아 지닌 공덕으로 온
갖 중생에게 베풀어주어 네 가지 은혜 골고루 갚고 삼계 유정
들 모두 제도하여 다 함께 일체 종지를 이루어지이다.

나무 석가모니불
나무 석가모니불
나무 시아본사 석가모니불.

■ 사홍서원

사홍서원이란 네 가지 커다란 원을 말합니다. 원은 나 자신만의 욕
심이 아닌 이웃과 더불어 나누면서 행복하게 잘 살자는 바램입니
다. 이렇게 원을 발하면 그 원에 따라 반드시 이루어집니다. 아니,

이미 그것은 완성된 것이나 다름이 없습니다.

　중생을 다 건지오리다.
　번뇌를 다 끊으오리다.
　법문을 다 배우오리다.
　불도를 다 이루오리다.

약식 임종의례

• 환자의 상태에 따라 간략하게 삼귀의·수계·염불·사홍서원의 식
순만 해도 됩니다.
• 더 약식으로 할 경우 수계와 염불 또는 염불만 합니다.

임종 이후

상례 준비하기
빈소의례: 시다림
장지의례: 다비
탈상의례: 사십구재

상례 준비하기

한 존재의 임종 이후 전개되는 죽음의례는, 상례喪禮
라는 큰 테두리 안에서 이루어집니다. 전통적으로
상례는 병이 위중하여 임종을 준비하는 단계에서부
터 시작하여, 주검을 떠나보내는 장례葬禮를 거쳐, 혼
백을 떠나보내는 탈상脫喪을 행함으로써 마무리됩니
다. 따라서 장지葬地에서 몸을 떠난 혼백을 모시고 집
으로 돌아온 유족은, 일정 기간 동안 상청喪廳을 차려
놓고 상식을 올리며 고인을 기리는 가운데 근신하는
시간을 보냅니다. 이후 탈상을 하면서 고인은 후손
으로부터 제사를 받는 조상으로 자리하게 되며, 유
족은 상喪에서 벗어나 일상의 삶을 살아가게 됩니다.
　불교상례 역시 이와 동일한 구조로 진행됩니다.

전통시대에는 대부분의 의례를 집에서 행하였으나 근래에는 임종을 병원에서 맞이하는 것은 물론, 고인의 몸을 빈소에 모시고 장사를 치를 때까지의 일을 전문 장례식장에서 전담하는 것이 관례화되었습니다. 따라서 상례의 진행 과정에 따라 의례 내용과 의례 공간이 달라지므로 크게 임종의례, 빈소의례, 장지의례, 탈상의례의 네 단계로 살펴볼 수 있습니다.

먼저 임종의례臨終儀禮는 죽음에 임박한 시점에서부터 임종 직후까지 집 또는 병원에서 유족과 환자가 함께 정신적·물리적으로 죽음에 임하는 의례에 해당합니다. 이후의 빈소의례殯所儀禮는 망자의 주검을 장례식장의 빈소에 모시고 행하는 의례로, 불교에서는 이를 시다림尸陀林이라 일컫고 있습니다. 장지의례葬地儀禮는 장지로 이동하여 화장 또는 매장을 함으로써 고

임종의례		빈소의례		장지의례		탈상의례
임종	→	시다림	→	다비	→	사십구재

◀─────── 불교장례 ───────▶
◀──────────── 불교상례 ────────────▶

◆ 불교상례 과정

인의 주검을 자연으로 돌려보내는 의례로, 불교에서는 이를 다비茶毘라고 합니다. 장례를 마친 이후 불교 신자라면 누구나 49일 탈상을 하게 되는데, 불교에서는 사후 49일의 중유中有 기간을 거쳐 다음 생에 태어난다고 보기 때문입니다. 따라서 이 기간에 사찰에서 사십구재를 행하면서 고인의 극락천도를 기원하거나, 가정에서 49일간 상식을 올리며 근신함으로써 상례를 합니다.

빈소의례 : 시다림尸茶林

의례 의미

임종이 확인되면 장례식장이나 집 등에 빈소殯所를
마련하여 주검을 모시게 됩니다. 아울러 염습과 입관
등으로 장례를 치르기 위한 일련의 준비를 하는 한
편, 영단에 영정과 위패를 안치하고 친지의 문상을
받습니다.

시다림은 망자가 무상의 원리를 깨닫고 편히 왕생
할 수 있도록 법문을 들려주는 의식으로, 화장 또는
매장을 마칠 때까지만 행하게 됩니다. 따라서 불자
들은 주검이 빈소에 머물고 있을 때 염불과 독경을
통해 망자가 보다 좋은 곳으로 갈 수 있도록 깨달음
의 길을 열어주게 되는 것입니다.

특히 염습과 입관의 단계는 망자의 육신을 주검으로 다루면서 이승과 최초로 분리시키는 중요한 의식이자, 삭발·목욕·착의 등에서부터 입감入龕에 이르기까지 그에 맞는 염불이 마련되어 있기 때문에, 이 시기에 우선적으로 시다림을 해주는 것이 바람직합니다.

의례 준비

시다림은 스님이 직접 행하는 것이 가장 이상적입니다. 따라서 재적사찰에 요청하거나, 사십구재를 할 경우에는 해당 사찰과 의논하여 스님의 빈소 방문을 청할 수 있습니다. 전통적으로 염습과 입관의 시점을 중요하게 여기므로 스님은 이 시간에 맞추어 모시는 것이 가장 좋습니다.

규모 있는 사찰에서는 신도들을 중심으로 상조회를 구성하여 상이 발생했을 때 장례식장에 가서 염불봉사를 하기도 합니다. 따라서 사십구재를 치르지 않거나 스님을 초청하기 힘들다면 재적사찰의 신도

단체와 의논을 해보는 것도 좋은 방법입니다.

모든 여건이 여의치 않을 경우에는 가족과 함께 『금강경』, 『반야심경』 등을 독송하거나 독송 오디오를 틀어놓고 지극한 마음으로 망자의 극락왕생을 기원하도록 합니다. 이 외에 보다 여법한 불교식 장례를 치르고자 할 경우, 불교장례전문 상조회사에 의뢰하는 방법도 있습니다.

■ 첫째 날

임종 이후 가장 먼저 해야 할 일은 빈소를 마련할 장소를 결정하는 것입니다. 병원에서 사망한 경우는 장례식장으로 가기 전에 사망진단서(5통)를 발급받아야 하는데 이는 염습 및 화장(매장) 때, 사망신고, 연금·보험 등의 일과 관련하여 필요하기 때문입니다. 만약 병원 외부에서 사망하였다면 병원응급실을 경유하여 사망진단서나 사체검안서를 발급받게 됩니다.

장례식장에 빈소를 마련한 뒤 장례를 어떻게 치를 것인지 결정하고, 집안 어른 중 상례에 밝고 덕망 있는 이를 호상護喪으로 정하여 장례 업무를 맡깁니다.

아울러 재적사찰에 염습 시간·발인 시간·장지 등을
알리고, 시다림염불과 사십구재 등을 의논합니다.

유교 전통에 따르면 입관 전에는 차마 부모의 죽
음을 인정할 수 없기 때문에 유족들이 상복을 입지
않고 문상에 대한 응대도 할 수 없습니다. 따라서 첫
째 날은 흑백 등의 무채색 평상복을 입은 채 임하며
문상을 받을 수도 없으나, 불교에서는 반드시 이를
따르지 않아도 무방합니다.

■ 둘째 날

염습과 입관은 임종 후 24시간이 지난 후 유족의 참
관 하에 이루어지는데, 이때 스님을 초빙하여 법문
을 들려주는 가운데 진행하는 것이 바람직합니다.
불교식 염습이 따로 있는 것은 아니므로 입관 전에
유족들이 망자의 목과 팔목에 염주를 걸어주거나 경
전·향 등을 넣어주며 부처님의 가피가 함께하기를
빌어주기도 합니다.

수의는 삼베나 명주보다는 화장할 때 유독성 물질
을 배출하지 않는 천연 소재가 좋습니다. 반드시 새

로 장만하거나 한복으로 갖추어야 할 필요는 없으며, 조금 크고 입기 편한 옷 가운데 고인이 평소에 입던 정갈한 옷을 손질하여 사용할 수 있습니다. 특히 관은 화장할 경우 다음날 연소되므로 소박한 것을 선택하는 것이 좋습니다.

입관이 끝난 뒤 비로소 성복成服을 하고 상주로서 정식으로 문상객과 인사를 나누게 됩니다. 상복은 양복일 경우에는 검은색을 입지만, 한복일 경우에는 검은색보다는 흰색이 바람직합니다.

입관 후 성복제成服祭에 해당하는 시식施食을 올립니다. 이때 영단에 올리는 불자의 상차림은 밥과 국, 떡, 과일, 나물을 중심으로 간소하게 차리되 육류와 생선을 금하고, 술 대신 차나 맑은 물을 올립니다.

■ 셋째 날

장지로 떠나기 전에 마지막으로 망자를 떠나보내는 의식으로 발인제發靷祭를 올립니다. 이때 스님을 모실 수 있으면 스님의 집전 하에 발인제를 올리게 되나 그렇지 않아도 무방합니다.

장지의례 : 다비茶毘

의례 의미

불교에서는 육신을 이승에서 잠시 빌려 입는 옷이라 보고 있습니다. 깨달음을 얻어 윤회에서 벗어나지 않는 한 새로운 몸을 받아 내생의 삶을 살아가야 하므로, 한 생이 다하면 헌 옷을 벗고 새 옷을 갈아입듯이 전생의 몸에서 벗어나야 하기 때문입니다. 따라서 화장으로 몸을 떠나보냄으로써 망자가 이승에 대한 애착과 미련을 끊고 내생의 주인이 되라는 의미를 지니고 있기 때문에 불자들은 화장을 하는 것이 바람직합니다. 그러나 집안 사정에 따라 매장을 하더라도 무방합니다.

　이처럼 화장은 생전의 존재로 머물던 육신을 완전

히 떠나보내는 중요한 분기점으로, 이후 중유(中有 : 중음中陰)의 기간인 49일이 지남과 동시에 영혼도 함께 떠나보내게 되는 것입니다.

의례 준비

전통적으로 법력 높은 스님이 입적하면 사찰에서 일정한 법식을 갖춘 다비작법茶毘作法으로 화장을 행하게 됩니다. 이것은 범패와 염불이 따르는 가운데 연꽃 모양으로 장식한 거대한 장작더미 속에 주검을 안치한 후 직접 불을 붙여 태우고 유골과 사리를 거두는 의식을 말합니다.

이에 비해 공공시설에서 행하는 일반인의 화장은 그 근원과 의미를 불교에서 찾을 수 있을 뿐 본격적인 불교의례를 도입하기는 어렵습니다. 따라서 화장, 매장 등의 장지에도 스님이 동참하여 불법을 들려주면 좋겠으나, 여건상 그렇지 못한 경우가 대부분이기 때문에 화장을 하는 동안 대기하는 관망실에서 유족들이 염불과 독경을 해주는 것이 바람직합니다.

매장일 경우에도 봉분을 완성할 때까지 동일한 내용을 행하면 됩니다.

화장을 하고 난 뒤에는 유골함에 담아 봉안당奉安堂이나 사찰 봉안탑 등에 안치하는 방법, 유골을 가루낸 뒤 정해진 장소에 뿌리는 산골散骨, 나무뿌리 주변에 유골을 묻어주는 수목장樹木葬 등의 방식으로 유골을 안치할 수 있습니다.

이후 과정

장례를 마치면 다음과 같은 과정에 따릅니다.

사십구재를 할 경우에는 해당 사찰 법당의 영단에 망자의 위패와 영정을 안치하고 위패 봉안재位牌奉安齋로써 입재入齋를 합니다. 이 봉안재는 기존에 반혼재로 불렸습니다. 위패 봉안재에는 유족들이 모두 참석하는 것이 바람직하며, 사찰에 모셔놓았기 때문에 삼우제三虞祭는 별도로 치르지 않아도 무방합니다.

사십구재를 하지 않을 경우에는 집으로 반혼한 뒤, 49일간의 거상居喪을 지킬 수 있도록 상청喪廳을 마련하여 망자의 영정과 위패를 모셔야 합니다. 반혼한 날 초우제를 지내고 현대식으로 다음 날 재우제, 그 다음 날 삼우제를 지낸 뒤 사후 49일 동안 아침저녁으로 상식을 올리면서 탈상하게 됩니다.

탈상의례 : 사십구재四十九齋

의례 의미

사십구재는 임종 후 망자가 다음 생을 받기 전까지 중유에 머무는 동안 사찰에서 치르는 불교상례입니다. 따라서 사후 7일째 되는 날 초재를 시작으로, 49일간 매 7일마다 일곱 번에 걸쳐 천도재薦度齋를 치릅니다. 이 기간은 유족에게도 거상에 해당하여 탈상 때까지 일상과 분리된 상중喪中에 머물다가 49일째 되는 날 막재를 치름으로써 망혼은 내세로, 유족은 탈상하여 일상으로 복귀하게 되는 것입니다.

재齋는 제祭와 구분되는 다음과 같은 특성을 지니고 있으므로, 천도재의 의미를 잘 이해하고 의례에 임하는 것이 바람직합니다.

첫째, 제사가 문중 또는 가족의 범주에서 행하는 것이라면, 재는 불·법·승 삼보의 범주에서 진행됩니다. 즉 부처님을 모신 법당에서[佛] 스님의 주관 하에[僧] 불법을 통해[法] 치르는 것이기 때문입니다.

둘째, 제사가 고인을 추모하고 효를 실천하는 의례라면, 재는 이와 더불어 고인을 보다 좋은 내세로 보내기 위한 천도의 의미가 중심을 이루는 의례입니다.

셋째, 제사는 모시는 대상이 부모·조상으로 제한되어 있지만, 재는 개인의 천도재라 하더라도 천도되지 못한 채 떠도는 모든 고혼을 의례 대상에 포함하게 됩니다. 이는 자신의 공덕을 대승적 차원으로 회향하는 의미를 담고 있습니다.

넷째, 재에 올리는 상차림에는 육류, 생선, 술을 사용하지 않습니다.

의례 준비

사십구재는 환자가 연로하거나 병환이 위독할 때부

터 미리 염두에 두고 계획하는 것이 좋습니다. 따라서 빈소를 마련하면 해당 사찰에 연락하여 재를 의뢰하고, 염습 시간, 발인 시간, 장지 등을 알린 후 스님을 초청하여 시다림을 통해 체계적인 불교적 보살핌을 받도록 해야 합니다.

유족의 형편이나 상황에 따라 7·7재의 횟수를 조정하여 1·3·5·7재 또는 초하루·보름재로 줄이거나 막재만 지내기도 하지만, 불자라면 일곱 번 모두 치르는 것이 바람직합니다. 사찰에서 사십구재를 치르지 않더라도 이 기간은 망자가 이승도 저승도 아닌 곳에 머무는 불안하고 민감한 시기이므로, 가정에서 일정한 의식을 행하는 가운데 49일간의 거상기간을 보낸 후 탈상하게 됩니다.

초재 ~ 6재

■ 49재를 치르는 불자 가족의 지침

직계 유족인 자식과 배우자는 가능하면 매번 참석하는 것이 좋지만, 초재에서 6재까지는 형편에 따라

시간이 허락하는 유족을 중심으로 돌아가면서 참석해도 무방합니다.

사십구재에서 의식 집전은 스님이 하지만, 어디까지나 상주인 유족이 의례 주체임을 분명히 인식해야 합니다. 스님에게 모든 것을 미룬 채 재가 있는 날에만 사찰을 찾아 영단에 잔을 올리고 절을 함으로써 상주 노릇을 다한 것으로 여겨서는 안 됩니다.

따라서 재가 시작되기 전 법당에 미리 와서 상단·중단·하단에 차례대로 절을 올린 뒤, 향을 피우고 불을 밝히고 다기의 물을 청정수로 새로 올리며, 망자의 극락천도를 발원한 주체로서 진지하게 의례를 열어가도록 이끌어야 합니다. 의례 과정에서도 재물을 옮기는 일에서부터 좌복 배치, 의식집 배분, 식사 후의 설거지 등에 이르기까지 손님이 아닌 주인 의식을 갖는 것이 중요합니다.

아울러 사십구재는 불교식 탈상의례로 유족들은 이 기간 동안 상중에 있는 것입니다. 따라서 사찰에서 재만 올리는 것으로 끝나는 것이 아니라 49일간 가정에서도 근신하는 가운데 기도·독경·염불 등으로 고인의 극락왕생을 위한 정성을 쏟아야 합니다.

■ 사십구재를 치르지 않는 불자 가족의 지침

사정에 따라 사십구재를 지내지 않는다 하더라도, 불자라면 가정에서 아침저녁으로 상식을 올리며 영가 천도를 위해 기도하며 49일을 보낸 뒤 탈상을 해야 합니다.

아울러 사십구재를 치르거나 치르지 않는 모든 경우에 해당하는 것으로, 망자의 극락왕생과 자신의 수행 의지를 담은 발원문을 직접 작성하여 매일 기도할 때마다 읽고 마지막 날 태우면 공덕이 더욱 큽니다.

7재(막재)

임종 후 49일째 되는 날 치르는 7재에는 유족과 친지들이 모두 참석하여 망자를 여법하게 떠나보내기 위해 마음을 모아야 합니다. 아울러 재에 참석할 대강의 인원을 파악하여 미리 사찰에 통보해주어야 법당 선택과 음식 준비에 참고할 수 있습니다.

이날은 유족들이 상복을 갖추어 입는 것이 좋고, 여건이 안 되면 무채색의 정갈한 옷차림으로 참석합니다. 해당 사찰과 사전에 의논하여 옷, 수건, 세면도구 등 관욕灌浴에 필요한 물품들을 가져오고, 꽃을 준비합니다.

재가 진행되는 중에는 사찰에서 나누어주는 의식집을 보면서 스님을 따라 일심으로 염송하고, 불단과 신중단을 향했을 때 충분히 절을 하면서 불보살님과 신중의 가피로 망자가 보다 좋은 곳으로 왕생할 수 있도록 기원합니다. 영단을 향해 유족들이 제사 지내는 시식施食의 단계에서는 망자에게 절을 올린 후 스님을 향해서도 절을 올려야 합니다.

재를 마치고 함께 음복할 때도 주인 의식을 가지고 행동해야 하며, 손님처럼 앉아서 상을 받아서는 안 됩니다. 망자를 위해 유족이 차려야 할 상을 사찰에서 대신 준비해준 것이라는 마음가짐으로, 참석자들에 대한 접대 및 뒷마무리까지 소홀함이 없도록 해야 합니다.

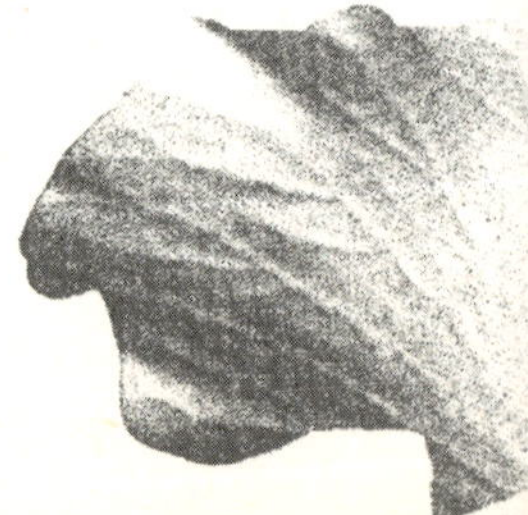

부록

「관세음보살보문품」
「보왕삼매론」
「법성게」
「무상계」
관련 단체 및 기관 안내
참고 도서

「관세음보살보문품觀世音菩薩普門品」

그때 무진의無盡意보살이 자리에서 일어나 오른쪽 어깨를 벗어 드러내고 부처님을 향하여 합장하고 여쭈었다.

"세존이시여, 관세음觀世音보살은 무슨 인연으로 관세음이라고 합니까?"

부처님께서 무진의보살에게 말씀하셨다.

"선남자야, 만일 한량없는 백천만억 중생이 여러 가지 고뇌를 받을 때에 이 관세음보살의 이름을 듣고 일심으로 그 이름을 부르면, 관세음보살이 곧 그 음성을 듣고 모두 해탈케 하느니라.

만일 어떤 이가 이 관세음보살의 이름을 받들면,

그가 혹시 큰불 속에 들어가더라도 불이 그를 태우지 못할 것이니, 이것은 관세음보살의 위신력 때문이며, 혹은 큰물에 떠내려가게 되더라도 그 이름을 부르면 곧 얕은 곳에 이르게 되며, 혹은 백천만억 중생이 금·은·유리·차거·마노·산호·호박·진주와 같은 보배를 구하려고 큰 바다에 들어갔을 때, 가령 폭풍이 일어 그들의 배가 나찰귀羅刹鬼들의 나라에 닿게 되었을지라도 그 가운데 만일 한 사람이라도 관세음보살의 이름을 부르면, 여러 사람들이 다 나찰의 난으로부터 벗어날 수 있으리니, 이러한 인연으로 관세음이라 이름하느니라.

또 어떤 사람이 만일 해를 입게 되었을지라도 관세음보살의 이름을 부르면, 그들이 가진 칼이나 막대기가 곧 조각조각 부서져 능히 벗어날 수 있으며, 혹은 삼천대천국토에 가득한 야차·나찰들이 와서 사람들을 괴롭히려 하더라도, 관세음보살의 이름만 부르면 여러 악귀가 악한 눈으로 보지도 못하겠거늘, 하물며 어찌 해칠 수 있겠느냐. 또 어떤 사람이 죄가 있거나 죄가 없거나 간에 수갑과 쇠고랑에 손발이 채워지고 몸이 묶였을지라도 관세음보살의 이름만 부르면 이것들이 다 끊어지고 풀어져 곧 벗어나리라.

만일 또 삼천대천국토에 도둑이 가득 찬 속을 한 상인의 우두머리가 여러 상인들을 이끌고 귀중한 보물을 가진 채 험한 길을 지나갈 때, 그중에 한 사람이 말하기를 '여러 선남자들이여, 무서워 말고 두려워 말라. 그대들은 진심으로 관세음보살의 이름을 부를지니라. 이 보살이 능히 중생들의 두려움을 없애 주리니, 그대들이 이 이름을 부르면 이 도둑들을 무사히 벗어나리라' 해서, 이에 여러 상인들이 이 말을 듣고 모두 소리를 내어 '나무관세음보살' 한다면 곧 그 난을 벗어나리라.

무진의야, 관세음보살마하살의 위신력이 이와 같이 훌륭하니라.

또 만일 중생이 음욕이 많더라도 관세음보살을 항상 생각하고 공경하면 곧 음욕을 여의게 되며, 혹은 성내는 마음이 많더라도 관세음보살을 생각하고 공경하면 곧 그 마음을 여읠 수 있으며, 혹은 어리석음이 많더라도 관세음보살을 항상 생각하고 공경하면 곧 그 어리석음을 떠날 것이니라.

무진의야, 관세음보살이 이런 위신력으로 이롭게 함이 많으니, 중생은 마땅히 마음으로 항상 생각할 것이니라.

또, 만일 어떤 여인이 아들 낳기를 원하여 관세음보살을 예배하고 공경하면 곧 복덕과 지혜가 있는 아들을 낳게 되고, 만일 딸 낳기를 원한다면 곧 단정하고 아름다운 모양을 갖춘 딸을 낳게 되리니, 덕의 근본을 잘 심었으므로 여러 사람의 사랑과 존경을 받으리라.

무진의야, 관세음보살의 힘이 이와 같으니라.

만일 또 중생이 관세음보살을 공경하고 예배하면 복이 헛되이 버려지지 않으리니, 그러므로 중생이 모두 관세음보살의 이름을 받들어야 하느니라.

무진의야, 만일 어떤 사람이 62억 항하의 모래 같은 보살의 이름을 받들어 목숨이 다하도록 음식과 의복·침구와 의약 등으로 공양한다면 너의 생각에는 어떠하느냐? 이 선남자·선여인의 공덕이 얼마나 많겠느냐?"

무진의가 대답하였다.

"매우 많습니다, 세존이시여."

부처님께서 다시 말씀하셨다.

"만일 어떤 사람이 관세음보살의 이름을 받들어 한때만이라도 예배하고 공양하면, 이 두 사람의 복이 똑같아 다를 바 없어 백천만억 겁에 이르도록 다할 수가 없으리라. 무진의야, 관세음보살의 이름을 수지하면 이와 같이 한량없고 가없는 복덕의 이익을 얻느니라."

무진의보살이 부처님께 여쭈었다.

"세존이시여, 관세음보살은 어떻게 이 사바세계에서 노니시며, 어떻게 중생을 위하여 설법하시며, 방편의 힘은 그 일이 어떠하십니까?"

부처님께서 무진의보살에게 말씀하셨다.

"선남자야, 어떤 나라의 중생을 부처의 몸으로 제도할 이에게는 관세음보살이 곧 부처의 몸을 나타내어 설법하며, 벽지불의 몸으로 제도할 이에게는 벽지불의 몸을 나타내어 설법하며, 성문의 몸으로 제도할 이에게는 성문의 몸을 나타내어 설법하며, 범천왕의

몸으로 제도할 이에게는 범천왕의 몸을 나타내어 설
법하며, 제석천의 몸으로 제도할 이에게는 제석천의
몸을 나타내어 설법하며, 자재천自在天의 몸으로 제도
할 이에게는 자재천의 몸을 나타내어 설법하며, 대
자재천의 몸으로 제도할 이에게는 대자재천의 몸을
나타내어 설법하며, 천대장군天大將軍의 몸으로 제도
할 이에게는 천대장군의 몸을 나타내어 설법하며,
비사문毘沙門의 몸으로 제도할 이에게는 비사문의 몸
을 나타내어 설법하며, 소왕小王의 몸으로 제도할 이
에게는 곧 소왕의 몸을 나타내어 설법하며, 장자의
몸으로 제도할 이에게는 장자의 몸을 곧 나타내어
설법하며, 거사의 몸으로 제도할 이에게는 곧 거사
의 몸을 나타내어 설법하며, 관리의 몸으로 제도할
이에게는 관리의 몸을 나타내어 설법하며, 바라문의
몸으로 제도할 이에게는 곧 바라문의 몸을 나타내어
설법하며, 비구·비구니·우바새·우바이의 몸으로 제
도할 이에게는 비구·비구니·우바새·우바이의 몸을
나타내어 설법하며, 장자·거사·관리·바라문의 부인
의 몸으로 제도할 이에게는 그 부인의 몸을 나타내

어 설법하며, 동남童男·동녀의 몸으로 제도할 이에게
는 동남·동녀의 몸을 나타내어 설법하며, 하늘·용·야
차·건달바·아수라·가루라·긴나라·마후라가 등 사람
인 듯 아닌 듯한 것 등의 몸으로 제도할 이에게는 모
두 그 몸을 나타내어 설법하며, 집금강신執金剛神으로
써 제도할 이에게는 곧 집금강신을 나타내어 설법하
나니, 무진의야, 이 관세음보살은 이러한 공덕을 성
취하여 가지가지 형상으로 여러 국토에 노니시며,
중생을 제도하여 해탈케 하느니라.

그러므로 너희들은 일심으로 관세음보살을 공양
할지니라. 이 관세음보살마하살이 두렵고 급한 환난
가운데 능히 두려움을 없애 주므로, 이 사바세계에
서는 모두 일컬어 두려움을 없게 해주는 이[施無畏者]라
고 하느니라.”

무진의보살이 부처님께 여쭈었다.

“세존이시여, 제가 이제 관세음보살을 공양하겠습
니다.”

그리고는 목에 걸었던 백천 냥이나 되는 보배 구
슬과 영락을 끌러 받들어 올리며 또 여쭈었다.

“어지신 이여, 법으로써 드리는 이 보배 구슬과 영락을 받아주옵소서.”

그때 관세음보살이 이를 받지 않거늘, 무진의는 다시 관세음보살께 여쭈었다.

“어지신 이여, 저희들을 불쌍히 여기시어 이 영락을 받아 주옵소서.”

그때 부처님께서 관세음보살에게 말씀하셨다.

“여기 이 무진의보살과 사부대중과 하늘·용·야차·건달바·아수라·가루라·긴나라·마후라가 등 사람인 듯 아닌 듯한 것들을 불쌍히 여겨 그 영락을 받으라.”

곧 관세음보살이 사부대중과 하늘·용 등 사람인 듯 아닌 듯한 것들을 불쌍히 여기어 그 영락을 받더니, 둘로 나누어 한 몫은 석가모니불께 바치고, 남은 한 몫은 다보불탑에 바쳤다.

“무진의야, 관세음보살은 이와 같이 자유스러운 신통력을 가지고 사바세계에 노니느니라.”

그때 무진의보살이 게송으로 물었다.

미묘한 상相 갖추신 세존이시여,
이제 다시 저 일을 묻자옵나니
불자는 그 무슨 인연으로
관세음이라 부릅니까?

미묘한 상 갖추신 세존께서 게송으로 무진의에게
대답하시되,

곳곳마다 알맞게 응하여 나타나는
관음觀音의 모든 행을 잘 들으라.

그 보살의 큰 서원 바다와 같아
헤아릴 수 없이 긴 세월 동안
천억의 부처님 모시고 받들며
크고 청정한 원을 세우니

내 이제 그것들을 간략히 말하리니
이름을 듣거나 몸을 보거나
마음으로 생각함이 헛되지 않으면
능히 모든 고통을 멸하리라.

가령 해치려는 사람에게 떠밀려
큰 불구덩이에 떨어진대도
관음을 염하는 그 힘으로
불구덩이 변하여 연못이 되고

만일 큰 바다에 표류하여
용과 귀신·물고기의 난을 만나도
관음을 염하는 그 힘으로
파도가 능히 삼킬 수 없으며

수미산의 봉우리에서
사람에게 떠밀려 떨어진대도
관음을 염하는 그 힘으로
허공에 머무는 해같이 되며

악인에게 쫓기어
금강산金剛山에서 떨어진대도
관음을 염하는 그 힘으로
털끝 하나 다치지 않으며

원한의 도적을 만나

칼 들고 달려와 해치려 해도
관음을 염하는 그 힘으로
도적들 마음 돌려 자비하게 하며

법에 잘못 걸려
형벌을 받아 죽게 되더라도
관음을 염하는 그 힘으로
칼이 조각조각 끊어지며

감옥 속에 갇혀 있어서
손발이 형틀에 묶였더라도
관음을 염하는 그 힘으로
그것들의 풀림을 받을 것이며

저주와 여러 가지 독약으로
몸을 해치려고 할 때에도
관음을 염하는 그 힘으로
본인에게 그 화가 돌아가며

악한 나찰 독룡毒龍들과
여러 귀신을 만날지라도

관음을 염하는 그 힘으로
감히 모두들 해치지 못하며

사나운 짐승들에 둘러싸여
이빨과 발톱이 무섭더라도
관음을 염하는 그 힘으로
사방으로 뿔뿔이 달아나며

여러 가지 사나운 독사들이
독기가 불꽃처럼 성할지라도
관음을 염하는 그 힘으로
그 소리에 스스로 달아나며

구름에서 천둥 일며 번개 치고
큰비와 우박이 쏟아져도
관음을 염하는 그 힘으로
삽시간에 사라지며

뭇 중생이 곤경과 재앙을 만나
한량없는 고통을 받을지라도
관음의 미묘한 지혜의 힘이

능히 세상 고통 구하느니라.

신통한 힘 구족하고
지혜의 방편 널리 닦아
시방의 여러 국토
몸을 나타내지 않는 곳 없으며

가지가지 악한 갈래
지옥·아귀·축생들의
생로병사 모든 고통
점차로 멸해 주며

진관眞觀이며 청정관淸淨觀
넓고 큰 지혜관智慧觀이며
비관悲觀과 자관慈觀이니
항상 우러러볼지어다.

때 없어 청정한 빛
지혜의 태양 어둠을 제하나니
풍재風災와 화재火災 능히 이겨
널리 밝게 세상을 비추니

대비는 체가 되고 계행은 우레 되며
자비로운 마음은 큰 구름 같아
감로의 법비를 내려
번뇌의 타는 불길 멸해 주며

쟁송諍訟으로 관청에 가거나
두려운 진중에 있을지라도
관음을 염하는 그 힘으로
모든 원수가 흩어지느니라.

묘음妙音과 관세음觀世音과
범음梵音과 해조음海潮音이
저 세간음世間音보다 나으니
그러므로 항상 생각하여

의심일랑 잠깐도 하지 말아라.
관세음보살 청정한 성인은
고뇌와 죽음과 액운 당하여
능히 믿고 의지할 바 되리.

일체의 여러 공덕 두루 갖추어

자비로운 눈으로 중생을 보며

그 복이 바다처럼 한량없으니

그러므로 마땅히 정례頂禮할지니라.

그때 지지持地보살이 자리에서 일어나 부처님 앞에
나아가 여쭈었다.

"세존이시여, 만일 중생이 이 「관세음보살보문품」
의 자유로운 업業과 널리 보이고 나타내는 신통력을
듣는다면, 그 사람의 공덕은 적지 않겠습니다."

부처님께서 이 「보문품」을 설하실 때, 대중 가운
데 팔만사천 중생이 모두 비할 바 없이 평등한 아눗
다라삼먁삼보리의 마음을 내었다.

「보왕삼매론寶王三昧論」

첫째, 몸에 병이 없기를 바라지 말라.

몸에 병이 없으면 탐욕이 생기기 쉽나니, 그래서 성인이 말씀하시되 '병고로써 양약養藥을 삼으라' 하셨느니라.

둘째, 세상살이에 곤란함이 없기를 바라지 말라.

세상살이에 곤란함이 없으면 업신여기는 마음과 사치한 마음이 생기나니, 그래서 성인이 말씀하시되 '근심과 곤란으로 세상을 살아가라' 하셨느니라.

셋째, 공부하는 데 마음에 장애가 없기를 바라지 말라.

마음에 장애가 없으면 배우는 것이 넘치게 되나니, 그래서 성인이 말씀하시되 '장애 속에서 해탈을 얻으라' 하셨느니라.

넷째, 수행하는 데 마가 없기를 바라지 말라.

수행하는 데 마가 없으면 서원이 굳건해지지 못하나니, 그래서 성현이 말씀하시되 '모든 마군으로써 수행을 도와주는 벗을 삼으라' 하셨느니라.

다섯째, 일을 꾀하되 쉽게 되기를 바라지 말라.

일이 쉽게 되면 뜻을 경솔한 데 두게 되나니, 그래서 성인이 말씀하시되 '여러 겁을 겪어서 일을 성취하라' 하셨느니라.

여섯째, 친구를 사귀되 내가 이롭기를 바라지 말라.

내가 이롭고자 하면 의리를 상하게 되나니, 그래서 성인이 말씀하시되 '순결로써 사귐을 길게 하라' 하셨느니라.

일곱째, 남이 내 뜻대로 순종해주기를 바라지 말라.

남이 내 뜻대로 순종해주면 마음이 스스로 교만해지나니, 그래서 성인이 말씀하시되 '내 뜻에 맞지 않는 사람들로써 원림을 삼으라' 하셨느니라.

여덟째, 공덕을 베풀려면 과보를 바라지 말라.

과보를 바라면 도모하는 뜻을 가지게 되나니, 그래서 성인이 말씀하시되 '덕을 베푸는 것을 헌신처럼 버리라' 하셨느니라.

아홉째, 이익을 분에 넘치게 바라지 말라.

이익이 분에 넘치면 어리석은 마음이 생기나니, 그래서 성인이 말씀하시되 '적은 이익으로 부자가 되라' 하셨느니라.

열째, 억울함을 당해서 밝히려고 하지 말라.

억울함을 밝히면 원망하는 마음을 돕게 되나니, 그래서 성인이 말씀하시되 '억울함을 당하는 것으로 수행하는 문을 삼으라' 하셨느니라.

이와 같이 막히는 데서 도리어 통하는 것이요, 통함을 구하는 것이 도리어 막히는 것이니, 이렇듯 부처님께서는 저 장애 가운데서 보리도를 얻으셨느니라.

저 앙굴마라와 제바달다의 무리가 모두 반역스런 짓을 했지만 우리 부처님께서는 모두 수기를 주셔서 성불하게 하셨으니, 어찌 저의 거슬리는 것이 나를 순종함이 아니며, 제가 방해한 것이 나를 성취하게 함이 아니리요.

요즘 세상에 도를 배우는 사람들이 만일 먼저 역경에서 견디어 보지 못하면 장애에 부딪칠 때 능히 이겨내지 못하여 법왕의 큰 보배를 잊어버리게 되나니, 이 어찌 슬프지 아니하랴!

「법성게法性偈」

법의성품　원융하여　두모습이　원래없고
모든법은　부동하여　본래부터　고요하며
이름없고　모습없어　모든것이　끊이졌고
증지소지　깨달음은　다른경계　아니로다.
참된성품　깊고깊어　미묘하고　지극하여
자기성품　지키잖고　연을따라　이루었네.
하나속에　일체이고　일체속에　하나이니
하나가곧　일체이고　일체가곧　하나여서
작은티끌　하나속에　시방세계　머금었고
일체모든　티끌속에　하나하나　그러하네.
한량없는　오랜시간　한생각과　다름없고

찰나순간　한생각이　한량없는　시간이니
구세십세　서로겹쳐　어우러져　돌아가도
혼란하지　아니하고　따로따로　이뤄졌네.
초발심의　그순간에　바른깨침　바로얻고
생과죽음　열반세계　항상서로　함께하니
이치현상　명연하여　분별할수　없음이나
열부처님　보현보살　대성인의　경계일세.
부처님의　해인삼매　자재하게　들어가서
불가사의　여의주를　마음대로　드러내니
중생위한　보배비가　온허공에　가득하여
중생들은　그릇대로　모두이익　얻게되네.
그러므로　수행자가　본래자리　돌아갈제
망상심을　쉬잖으면　그자리에　못가리니
분별없는　좋은방편　마음대로　구사하고
본래집에　돌아갈제　분수따라　자량얻네.
신령스런　다라니의　한량없는　보배로써
온법계를　장엄하여　보배궁전　이루어져
진여실상　중도자리　오롯하게　앉았으니
옛적부터　부동하여　부처라고　이름하네.

「무상계無常戒」

임종의례는 죽음이 임박했을 때 거행되는 것이나, 임종 이후에도 할 수 있습니다. 임종 이후에 할 때에 는 수계식 후 법문을 설하기 전 「무상계」를 독송합 니다.

무상계는	열반 얻는	요긴한 문
고통바다	건너 가는	자비의 배라.
부처님도	이 계로써	열반 드셨고
중생들도	고통바다	건너느니라.
그대 이제	몸과 마음	놓아 버리고

신령한　　　심식만이　　　홀로 드러나
위없는　　　청정계를　　　받아지니니
이런 다행　　또다시　　　어디 있으랴.
오늘 영가　　○○○은　　　살필지어다.
겁의 불길　　활활활　　　불타오르고
대천세계　　모두가　　　무너진다면
수미산도　　쓰러지고　　바다도 말라
자취조차　　없거늘　　　어찌 하물며
그대 몸이　　나고 늙고　　죽는 일이며
근심하고　　슬퍼하며　　아파하거나
그대 뜻에　　맞거나　　　어기는 일들
이와 같은　　온갖 것이　　어찌 있으랴.
오늘 영가　　다시 깊이　　살필지어다.
뼈와 살과　　물질들은　　흙으로 가고
피와 침과　　물기들은　　물로 변하며
따뜻한　　　몸 기운은　　불로 변하고
움직이고　　전변함은　　바람 되어서
사대가　　　제각기로　　흩어졌으니
영가 몸이　　어느 곳에　　있다할손가.

사대로　　　이루어진　　　그대의 몸은
진실로는　　거짓이요　　　허망하나니
애석하게　　여길 이유　　　하나 없도다.
그대는　　　옛적부터　　　오늘날까지
무명으로　　인하여　　　지어감 있고
지어감을　　인연하여　　　인식 있으며
인식을　　　인연하여　　　명색이 있고
명색을　　　인연하여　　　육입 있으며
육입을　　　인연하여　　　닿음이 있고
닿음을　　　인연하여　　　느낌 있으며
느낌을　　　인연하여　　　갈애가 있고
갈애를　　　인연하여　　　취착 있으며
취착을　　　인연하여　　　존재가 있고
존재를　　　인연하여　　　태어남 있고
태어남을　　인연하여　　　늙고 병들고
근심 걱정　　죽음이　　　있게 되니라.
그렇다면　　이 도리를　　　돌이켜볼 때
무명이　　　멸하면　　　지어감 없고
지어감이　　멸하면　　　인식 멸하며

인식이   멸하면   명색 멸하고
명색이   멸하면   육입 멸하고
육입이   멸하면   닿음 멸하고
닿음이   멸하면   느낌 멸하고
느낌이   멸하면   갈애 멸하고
갈애가   멸하면   취착 멸하고
취착이   멸하면   존재 멸하고
존재가   멸하면   태어남 없고
태어남이   멸하면   근심 걱정과
늙고 병듦   죽음까지   없게 되리라.
모든 법은   본래부터   항상하게도
유위와   무위 아닌   적멸상이라.
불자들이   끊임없이   수행해 가면
오는 세상   누구든지   부처되리라.
이 세상의   인연법은   항상함 없이
생겼다가   없어지는   무상법이라.
생멸법이   사라지고   번뇌 없으면
적멸법이   그대로   열반락이라.
거룩한   부처님께   귀의합니다.

거룩한   가르침에   귀의합니다.
거룩한   스님들께   귀의합니다.
나무 과거보승여래 응공 정변지 명행족 선서
세간해 무상사 조어장부 천인사 불세존
신원적   ○○○ 영가시여,
오온의   빈 주머니   시원히 벗고
신령한   심식만이   홀로 드러나
위없는   청정계를   받아지니니
이 어찌   유쾌하지   아니하리오.
천당이나   불국토를   뜻대로 가니
참으로   통쾌하고   통쾌하도다.
달마조사   전하신 법   분명도 해라.
이 마음   밝혀 보니   여기가 고향
묘체가   맑고 밝아   처소 없으니
산과 물과   온 천지에   진리 나투리.

관련 단체 및 기관 안내

불교 호스피스·임종 봉사단체

경주병원불교회	054) 770 - 8108	경북 경주시 석장동 1090-1번지
불교사회복지회	053) 475 - 6645	대구 남구 이천동 386-1
불교생활의례문화원	02) 720 - 1079	서울 종로구 견지동 13번지 전법회관 2층
수인 불교임종간호센터	02) 446 - 1793	서울 광진구 자양3동 854 광진트라펠리스 B동 1602호
아미타호스피스회	052) 264 - 1007	경남 울산시 울주군 상북면 양등리 138-1번지
자비신행회	062) 234 - 0090	광주광역시 동구 장동 55-1
정토마을 호스피스	043) 298 - 2258	충북 청원군 미원면 대신리 산17-1
조계종포교사단 호스피스팀	02) 927 - 0588	서울 성북구 안암5동 산5-3 보육교육원 지하1층
중증장애인요양시설 자광원	064) 738 - 5040	제주도 서귀포시 대포동 1146-1번지
피안사회복지관	032) 873 - 9223	인천 남구 숭의4동 7-34
한국불교 호스피스협회	052) 264 - 0117	경남 울산시 울주군 상북면 양등리 138-1번지

상장례 염불 봉사단체

봉은사 지장상조회	02) 547 - 4255	서울 강남구 삼성동 73번지
불광사 연화부	02) 422 - 1312	서울 송파구 석촌동 160-1번지
조계종사회복지재단 산하 조계종염불자원봉사단	02) 723 - 5101	서울 종로구 견지동 13번지 전법회관 6층
조계종중앙신도회 부설 불교생활의례문화원 상장례염불봉사단	02) 720 - 1079	서울 종로구 견지동 13번지 전법회관 2층
조계종포교사단 염불포교팀	02) 927 - 0588	서울 성북구 안암5동 산5-3 보육교육원 지하1층

상장례 염습 봉사단체

조계종중앙신도회 부설 불교생활의례문화원 상장례염습봉사단	02) 720 - 1079	서울 종로구 견지동 13번지 전법회관 2층

불교 호스피스요양시설

(재)정토사 관자재회마하보디	052) 264 - 1007	경남 울산시 울주군 상북면 양등리 138-1번지
정토마을	043) 298 - 2258	충북 청원군 미원면 대신리 산17-1번지

불교 노인요양시설

감천 노인복지센터	053) 982 - 0562	대구 동구 진인동 33번지
거북마을	031) 952 - 4801	경기도 파주시 파주읍 연풍리 346-1
고운사 노인요양원	054) 833 - 1254	경북 의성군 단촌면 구계리 122번지
금강원	041) 853 - 1068	충남 공주시 우성면 죽왕리
금산사복지원	063) 277 - 3497	전북 전주시 완산구 중화산동 2가 52-13
단양 노인전문요양원(천태종)	043) 421 - 1060	충북 단양군 단양읍 상진리 75번지
대구보살선원	053) 983 - 3677	대구 동구 덕공동 237-1
덕화 노인전문요양원	032) 833 - 2300	인천 연수구 동춘동 822
동화사 노인요양원	053) 982 - 0101	대구 동구 도학동
미륵사 노인요양원	061) 333 - 5621	전남 나주시 봉황면 송현리 649-62
반야노인요양원	033) 635 - 9445	강원도 속초시 노학동
보은 노인전문요양원	053) 521 - 0741	대구 서구 비산3동 116-3
보현행원 노인요양원	055) 329 - 1733	경남 김해시 주촌면 양동리 23번지
부산 환희정	051) 203 - 9436	부산 사하구 당리동 39-2
부처님마을 자광원	031) 759 - 5320	경기도 성남시 수정구 복정동 116-3
불교자비원(경북)	054) 637 - 6955	경북 영주시 하망동 143-12
불교자비원(제주도)	064) 747 - 8337	제주도 제주시 도평동 1026
불국사 부설 불국성림원	054) 746 - 9900	경북 경주시 산내면 대현리 산 90-3
붓다의 집	053) 986 - 5522	대구 동구 진인동 33번지
삼천사 인덕원	02) 3156 - 7500	서울 은평구 진관동 250번지
상락정 배산실버빌	051) 756 - 0569	부산 수영구 망미동 880-94
서울시립노인요양원	02) 939 - 6176	서울 노원구 상계동 산 51번지
석천사 하얀꽃	061) 644 - 8877	전남 여수시 덕충동 1830
성라실버타운	031) 585 - 3323	경기도 가평군 상면 봉수리 49-4
성문사 노인요양원(천태종)	033) 735 - 7480	강원도 원주시 행구동 산 85-1
성양원	055) 744 - 2181	경남 진주시 명석면 오미리 산17-1

소향원	061) 373 - 6406	전남 화순군 춘양면 우봉리 495-1
수효사 효림원	02) 313 - 5124	서울 서대문구 충정로 3가 1-38번지
신흥사 실비노인요양원	033) 635 - 9445	강원도 속초시 노학동 455-9
여래원	051) 337 - 9998	대구 남구 이천동 381-9
역삼재가노인복지센터 (총지종)	02) 564 - 9294	서울 강남구 역삼동 760-3
연꽃마을 안성요양원	031) 898 - 1486	경기도 안성시 죽산면 안성노인종합복지타운
연꽃마을 용인노인요양원	031) 334 - 3677	경기도 용인시 처인구 백암면 근삼리 769-1
연꽃마을 평택요양원	031) 683 - 3677	경기도 평택시 청북면 토진리
연화원	031) 840 - 2275	경기도 양주시 삼북동 249-8
영은원 노인요양원	041) 734 - 9331	충남 논산시 별곡면 덕곡리 499
예천 연꽃마을	054) 653 - 7714	경북 예천군 낙상리
월정사 노인요양원	033) 334 - 9595	강원도 평창군 진부면
은해사 포근한 집	054) 335 - 3318	경북 영천시 청통면 치일리 307-3
자재정사	031) 356 - 5799	경기도 화성시 북양동 616
정애원	054) 232 - 0396	경북 포항시 북구 청하면 청계리 881-1
정토마을	043) 298 - 2258	충북 청원군 문의면 남계리
정화양로원	051) 332 - 3996	부산 북구 화명동 298번지
죽림정사 노인요양원	041) 742 - 4524	충남 논산시 연무읍 황화정리
직지사 노인요양원	054) 431 - 9800	경북 김천시 봉산면 운수리 261번지
진각(진각종)복지재단 서울시립전문요양원	02) 437 - 0144	서울 중랑구 망우1동 235-1
진각노인요양센터	02) 942 - 0194	서울 성북구 하월곡동 22-38
진인실비요양원	031) 958 - 3073	경기도 파주시 파평면 늘노리 167-7
창천노인복지센터 (진각종)	02) 942 - 0144	서울 서대문구 창천동 4-61번지
천우요양원	054) 745 - 4900	경북 경주시 현곡면 상구리 955-6
취운암 보살선원	055) 383 - 6479	부산 부산진구 개금3동 53번지

통도사 자비원	055) 383 - 3999	경남 양산시 하북면 순지리 272-3
포항 위덕어르신마을	054) 278 - 2033	경북 포항시 남구 연일읍 발전리 531
해남희망원	061) 536 - 3640	전남 해남군 해남읍 구교리 425-7
혜명양로원	02) 802 - 6765	서울 금천구 시흥2동 241-7
호암마을	02) 385 - 8205	서울 은평구 진관외동 488번지
화방복지원	055) 863 - 2286	경남 남해군 고현면 대곡리 1152-2
화성양로원	053) 766 - 4553	대구 수성구 상동 667-40

재가 장기요양기관

금오노인복지센터	054) 458 - 0287	경북 구미시 도량동 666번지
미타재가장기요양기관	055) 931 - 2233	경남 합천군 적중면 옥두리
청담 종합사회복지관	02) 806 - 1377	서울 금천구 시흥 2동 241-7번지

불교 호스피스 지원 병원

| 동국대학교 경주병원 | 054) 748 - 9300 | 경북 경주시 석장동 1090-1번지 |

불교 호스피스 교육기관

| 조계종사회복지재단 | 02) 723 - 5101 | 서울 종로구 견지동 13번지 전법회관 6층 |
| 환희불교복지대학
(부산 관음사) | 051) 294 - 9300 | 부산 사하구 당리동 39-24 |

불교 간병인 교육기관

(재)정토사 관자재회마하보디 교육원	052) 264 - 1007	경남 울산시 울주군 상북면 양등리 138-1번지
자비간병회	051) 257 - 3456	부산 서구 동대신동 2가 292-3
한국불교대학 대관음사	053) 474 - 8228	대구 남구 봉덕3동 1301-20번지
효림 연꽃간병인회	02) 313 - 5124	서울 서대문구 충정로 3가 1-38번지 수효사 효림원

장기기증기관

(사)생명나눔실천본부	02) 734 - 8050	서울 종로구 견지동 110 대성스카이렉스 101동 305호

※ 이상은 일정 규모의 시설을 갖춘 인가 시설이며, 비인가 시설은 제외했음.

참고 도서

강동구, 「불교 임종의례의 정의와 내용」, 『불교 임종의례와 상례 지
침서, 어떻게 만들 것인가』, 포교원 포교연구실, 제32차 포교
종책연찬회 자료집, 2009. 5.

______ 편역, 『죽음과 죽어감의 사회학』(미출판), 동국대학교 불교
대학원 생사의례학과 강의교재, M.C.Kerl(1989), 2007.

______, 「불교의 임종맞이 의식과 그 중요성」, 『불교의 죽음관과 호
스피스』, 포교원 포교연구실, 제28차 포교종책연찬회, 2008. 5.

______ 편역, 『죽음교육론』(미출판), 동국대학교 불교대학원 생사의
례학과 강의교재, 2008.

강동구·이복순, 『프리니드와 상조서비스론』, 지투지, 2007.

계환스님, 『환자를 위한 불교 기도집』, 불광출판부, 2002.

______, 『경전산책』, 민족사, 2004.

광덕 편역, 『연화의식문』, 불광출판사, 2006.

구미래, 「불교 죽음의례의 유형과 변화양상」, 『종교문화비평』16호,

한국종교문화연구소, 2009.

______, 『한국인의 죽음과 사십구재』, 민속원, 2009.

김건열, 『존엄사』, 최신의학사, 2005.

김성민, 「현대사회에서 불교의 죽음 준비교육 프로그램 개발」, 『정토학연구』 제8집·제9집, 한국정토학회, 2005·2006.

김성철, 『중관사상』, 민족사, 2006.

김영건, 「죽음의 철학적 이해」, 『호스피스 완화간호』, 가톨릭대학교 호스피스연구소, 군자출판사, 2006.

김태현, 『노년학』, 교문사, 1994.

능행 편저, 『환자를 위한 불교 기도집』, 불광출판사, 2002.

________, 『불교 임상기도집』, 아띠울, 2007.

다무라 요시로 저, 이원섭 옮김, 『열반경』, 현암사, 2001.

대한불교조계종 포교원, 『한글통일법요집1. 천도·다비의식집』, 조계종출판사, 2006.

대한불교조계종 포교원 포교연구실, 『불교 상제례문화 연구』, 조계종출판사, 2008.

데미언 키온, 허남결 옮김, 『불교와 생명윤리학』, 불교시대사, 2000.

데이비드 W. 키세인, 시드니 블로크 저, 김혜동·김은아 옮김, 『가족 중심 애도치료-사별을 준비하는 가족을 위한 가족 중심 치료모델』, 양서원, 2006.

무비스님, 『지장경 강의』, 불광출판사, 2006.

박영희, 「한국 불교호스피스의 현황과 과제」, 『정토학연구』 제7집, 한국정토학회, 2004.

반공, 「불자들의 상제례에 대한 의식조사연구」, 『한국호스피스완화의료학회지』 Vol.3, No.1, 한국호스피스완화의료학회, 2000.

백봉초 편역, 『티베트 사자의 서』, 경서원, 2005.

법정, 『홀로사는 즐거움』, 샘터사, 2004.

불교생명윤리정립연구위원회 엮음, 『현대사회와 불교생명윤리』, 조계종출판사, 2006.

불교인재개발원, 『불교산업의 현황과 방향』, 제8차 정책포럼 자료집, 2007.

불전간행회 편, 강기희 역, 『대반열반경』, 민족사, 2007.

불전간행회 편, 한보광 옮김, 『정토삼부경』, 민족사, 2006.

브라이언 버드, 이무석 옮김. 『환자와의 대화』, 도서출판 이유, 2007.

서성운, 「상도계 만가에 나타난 염불 정토신앙과 터미멀 케어」, 『정토학연구』 제8집, 한국정토학회, 2005.

석지명, 『큰 죽음의 법신-열반경 강의록』, 불교시대사, 2007.

선문, 「호스피스 임종간호」, 『웰다잉 전문강사 양성 프로그램』, 조계종사회복지재단, 2007.

성철, 『영원한 자유의 길』, 장경각, 1996.

쇼갈 린포체 저, 오진탁 옮김, 『삶과 죽음을 바라보는 티베트의 지혜』, 민음사, 2007.

안양규, 「붓다의 죽음」, 『불교평론』 제25호, 2005.

안흥열, 「불교의 상장례에 관한 고찰」, 동국대학교 불교문화대학원 석사학위논문, 2005.

연화회 편, 『원왕생 의식집』, 생활의례문화원, 2008.

오진탁, 「불교의 죽음관 탐색」, 『불교사회복지연구』 3호, 조계종사회
　　　복지재단, 2007.

오진탁, 『마지막 선물』, 세종서적, 2007.

우 레와따. 레이 역, 『깨어나라, 오세상이여』, 세종, 2008.

원영 굉오 저, 정원규 편역, 『염불, 모든 것을 이루는 힘』, 불광출판
　　　사, 2008.

윤현숙, 「임종행의와 불교적 터미널 케어를 위한 시론」, 『정토학연구』
　　　제7집, 한국정토학회, 2004.

인광대사 저, 김지수 역, 『단박에 윤회를 끊는 가르침』, 불광출판사,
　　　2007.

전성남, 「불교의례의 본질에 관한 연구―유형적 고찰을 중심으로」,
　　　동국대학교 불교대학원 석사학위논문, 1996.

전옥자 엮음, 『생활 속의 불자 의식집』, 도서출판 단군, 2004.

전재성, 「뇌사 장기이식 안락사」, 불교생명윤리 정립을 위한 공개 심
　　　포지엄 자료집」, 2005.

정각(김미선), 「불교 죽음교육 연구」, 동국대학교 불교대학원 석사
　　　학위논문, 2008.

정각(문상련), 「불교 상장례에 나타난 왕생 미타정토행법」, 『정토학
　　　연구』 제6집, 한국정토학회, 2003.

정승석, 「죽음에 대한 불교의 인식과 극복」, 출처·년도 미상.

정진홍, 『웰다잉 전문지도강사 매뉴얼』, 각당 복지재단, 2007.

케네스 J. 도카, 존 D. 모건 저, 김재영 옮김, 『죽음학의 이해』, 인간사
　　　랑, 2006.

하세가와 마사토시 등 저, 윤현숙 옮김, 『복된 임종을 위한 불교의
    가르침』, 솔바람, 2009.

한보광 국역, 『정토삼부경』, 여래장, 2004.

한보광, 「불교 장묘문화에 대한 고찰-장묘형태를 중심으로」, 『정토
    학연구』 제4집, 한국정토학회, 2001.

현장스님 엮음, 『죽음을 준비합시다』, 우리출판사, 2000.

아름다운 재단 홈페이지: http://www.beautifulfund.org.

대법원 홈페이지: http://www.scout.go.kr

동국역경원 홈페이지: http://www.tripitaka.or.kr

한림대학교생사학 연구소 홈페이지: http://www.lifendeath.or.kr

Aṅguttara Nikāya, Maraṇassati-sutta

Alicia Skinner Cook, *Dying and Grieving: Life Span and Family
    Perspectives*, U.S.A.; Harcourt Brace & company

Charles A.Corr, Joan N.McNeil, *Adolescence and Death*, U.S.A.:
    Springer Publishing Company, 1986.

Gere. B.Fulton, Eileen K.Metress, *Perspectives on Death and
    Dying*, Boston; Jones and Bartlett Publishers, 1995

Gielen,U.P. "Death and dying in Buddhist Ladakh", *International
    Journal of Health Promotion and Education*, 44(1), 2006.

James M. Eddy, Wesley F. Alles, *Death Education*, U.S.A.; The
    C.V.Mosby Company, 1983.

Kathleen Garces-Foley(Edited), *Death and Religion in a Changing World*, New York: M.E. Sharpe Inc., 2006.

Kenneth J. Doka Edited, *Living with Grief: Before and After the Death*, Washington: Hospice Foundation of America, 2007.

Nelda Samarel, *Caring for Life and Death*, U.S.A.:Taylor & Francis, 1991.

Robert J. Kastenbaum, *Death, Society, and Human Experience*, U.S.A.:Pearson Education Inc. 2004

R. Scott Sullender, *Grief and Growth: Pastoral Resources for Emotional and Spiritual Growth*, U.S.A.; Paulist Press, 1985.

Sangye Khadro(2003), "Preparing for Death and Helping the Dying", Singapore: Buddha Dharma Education Association Inc.

Tracy L. Smith, "EMT's Attitude' Toward Death Before and After a Death Education Program", *Prehospital Emergency Care*, Vol.10, 2006.

Wagner, K.D & Lorion, R.P. "Correlation of death anxiety in elderly persons", *Journal of Clinical Psychology*, 40(5) pp.135~1240, 1984.

불교상제례문화 연구위원회

자문위원 보광 스님 (정토사 주지, 동국대학교 선학과 교수) 인묵 스님 (봉선사 주지, 어산작법학교장)
연구위원 미등 스님 (불교문화재연구소 부소장) 이하 가나다순 강동구 (동국대학교 불교대학원 생사의례학과
겸임교수) 구미래 (성보문화재연구원 기획연구실장) 김일명 (중앙승가대학교 보육교사교육원 전
임교수) 박명근 (동국대학교 불교대학원 생사의례학과 외래교수) 순남숙 (한국생활문화연구원 원
장) 유재철 (동국대학교 불교대학원 생사의례학과 외래교수) 이기선 (불교조형연구소 소장) 이재
우 (불교생활의례문화원 사무국장) 진철승 (불교문화정보연구원 이사)
집필위원 가나다순 강동구 구미래 김일명 이재우

불교 임종 준비와 안내

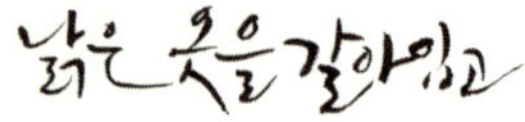

1판 1쇄 펴냄 2010년 6월 16일
1판 2쇄 펴냄 2011년 1월 17일

대한불교조계종 포교원 포교연구실 편찬

펴낸이 이자승
펴낸곳 조계종출판사

출판등록 제 300-2007-78호 등록일자 2007년 5월 1일
주소 서울시 종로구 견지동 13번지 대한불교조계종 전법회관 7층
전화 02-733-6390 팩스 02-720-6019 홈페이지 www.jogyebook.com
ⓒ 대한불교조계종 포교원 포교연구실, 2010
ISBN : 978-89-93629-38-5 03220